천서 0.0001
④

문화영 지음

도서
출판 수선재

천서 0.0001 ❹

ⓒ 문화영, 2006

지은이 | 문화영 **1판1쇄** | 2006년 7월 14일 **1판2쇄** | 2007년 5월 10일
펴낸이 | 장미리 **펴낸곳** | 도서출판 수선재 **편집팀** | 윤양순 **마케팅** | 김대만, 서동준
출판등록 | 1999년 3월 22일(제1-2469호)
주소 | 서울시 종로구 적선동 19번지 2층 **전화** | 02)737-9454
팩스 | 02)737-9456 **홈페이지** | www.suseonjaebooks.com

ISBN 89-89150-45-0 04810

값은 뒤표지에 있습니다.
잘못된 책은 바꾸어드립니다.
저자와 협의하여 인지는 생략합니다.

책을 내면서

이 책을 읽는 분은 천수체(天壽體)입니다.

천서(天書)란 하늘의 기운인 천기(天氣)를 그대로 옮겨놓은 기록입니다. 따라서 이 세상을 지금까지 움직여 온 기본 원리이자 앞으로 움직여 나갈 방향이기도 한 것입니다.

천기란 천지창조의 모든 것을 담고 있으므로 이 천기를 통하여 우리가 살고 있는 이 세상의 모든 것을 비롯한 우주의 근본 원리를 알 수 있는 것입니다.

천기란 아무나 읽을 수 있는 것은 아닙니다. 또, 읽는다고 해서 그 내용을 전부 알 수 있는 것도 아닙니다. 인연이 아니면 읽었다고 해도 그 내용을 알 수 없으므로 누구에게 이야기 할 수 있는 것도 아닙니다. 말 그대로 천기이기 때문입니다. 인연이 되지 않은 사람에게는 저절로 잠겨지는 자물쇠가 들어 있는 것과 같습니다.

천서란 우주의 모든 것, 하늘의 모든 것, 인간의 모든 것을 기록한 글로서 이 안에서 인간은 아주 일부에 해당합니다. 그러나 그 일부는 전체를 대표하는 일부입니다.

모든 인간은 하늘과 하나가 될 수 있는 조건을 갖추고 태어났습니다. 이것을 어떻게 발견하고 실천하느냐에 따라 인간은 하늘과 동격이 될 수 있습니다. 하늘과 동격이란 천기에 대한 완벽한 이해와 일체화로 하늘과 하나가 되는 것입니다.

천서는 인연이 되지 않는 사람에게는 닿지 않을 것입니다. 하늘과 인연이 있는 사람을 우리는 천수체(天壽體)라고 합니다.

이 책을 접하였다면 당신은 천수체입니다. 천수체는 하늘과 하나가 될 수 있는 인연의 씨앗을 자신의 내부에 가지고 태어난 사람입니다. 즉 하늘의 말씀을 받고 그것의 실행을 통하여 자신도 하늘의 대열에 합류할 수 있는 사람입니다.

누구나 그런 것은 아닙니다. 지금까지의 생(生)의 모든 것을 종합하여 판단한 결과 가능성을 인정받고 선택받은 사람이 하늘로부터 받은 혜택의 결과입니다.

이 책을 펴낸 수선재(樹仙齋)는 천수체들이 이끌어 가는 모임입니다.

우주의 목적은 진화이며 가장 근본적이고 원천적인 진화는 영적(靈的)인 진화입니다. 인간이 하늘의 뜻을 알고 이것을 실행할 때 자신이 우주의 구성원이 되어 자신의 역할을 수행할 수 있음을 알 수 있습니다.

우주의 원리를 이해하고 이것을 자신과 일치시켜 나가려는 노력은 우리가 전설로만 듣던 많은 선인들의 자취를 따라 완성의 길을 갈 수 있는 가능성을 열어줄 것입니다. 이 길은 금생(今生)에 인간으로 태어나 걸어볼 수 있는 최상의 길이며 인간으로서 태어난 가장 큰 보람을 가질 수 있는 길입니다.

이 책은 인간이 물질로 극복하지 못한 모든 문제에 대한 해답을 제시합니다.

이 책을 접한 당신은 천수체입니다.

책이 나올 수 있도록 도움을 주신 모든 분들께 감사드립니다.

수선대에서

문화영

차례 · 4권

책을 내면서… 이 책을 읽는 분은 천수체입니다   5

1. 선문화, 하늘을 알고 사랑하고,
       자연을 알고 사랑하고, 인간을 알고 사랑하는 일
    선문화의 주제는 편안함   16
    하늘을 알리는 선문화전   19
    하늘의 도리를 펴는 방법   22
    수선재의 차례에 대하여   25
    천도 중인 조상님들의 현황   29
    수선대의 햇무리와 달무리   35
    수맥에 대하여   38

2. 지부, 하늘과의 만남을 이루어 주는 곳
    지부장의 조건   42
    지부장과 회원들이 한마음으로   45
    비할 수 없이 큰 것을 나누는 길   49
    수선재의 해외지부   51
    지부는 손발과 같은 곳   53

3. 선계수련의 볼텍스를 찾아서 - 해외행련
    미국 동부의 볼텍스   58
    물질문명의 나라, 미국   62
    천기와 미국 지기의 융화   67
    맑고 강한 지기의 나라, 호주   70
    행련 지역 신들과의 대화1 - 싱가포르   75
    행련 지역 신들과의 대화2 - 호주 00   79
    행련 지역 신들과의 대화3 - 호주 00   87
    행련 지역 신들과의 대화4 - 호주 시드니   92

진화일정을 앞당기는 행련 97
    신계(神界)의 보고, 앙코르와트 100
    선인의 길을 감에 도움이 되는 행련지 103
    행련은 무형의 진화 108
    O산 산신과의 대화 112

4. 옛 성현들과의 만남
    - 예수
    탄생에 대한 문의 120
    진리를 펴는 방법 125
    인도와 불교가 없었더라면 130
    가롯 유다의 배신과 인간의 허점 135
    제자들이 모여든 이유 138
    유대인이 생각하는 하늘 143
    - 황진이
    자신을 사랑하세요 148
    남자들은 누구인가? 151
    선악과와 생명나무 155
    - 공자와 노자
    공자님과의 대화 158
    공자와 제자들 163
    노자, 도와 덕은 하나 167

5. 천연으로 만난 가족
    평범함 속의 비범함 172
    파장이 동일하여 만난 부부인연 176
    지상에서 수련생으로 만난 인연 181
    신선사상을 같이 공부했던 인연 185
    전생에 맺어지지 못한 인연 190

전생에 남편을 흠모하였던 인연　194
　　황씨 3형제　198
　　잠시 스쳐 지난 인연이 자매로　203

6. 전생에서 이어지는 수련2
　　명부1　전생에 못다 한 일　210
　　명부2　가까이 가지고 있는 변수　213
　　명부3　무심으로 생활하던 농군　216
　　명부4　하늘에 대한 한 자락 인연　219
　　명부5　선과 악을 공유한 것이 장점이자 단점　222
　　명부6　용맹을 떨쳤던 백제의 장수　227
　　명부7　신령한 나무를 벤 나무꾼　232
　　명부8　복합적인 정보를 가진 DNA　236
　　명부9　덕을 쌓는 일, 업을 짓는 일　239
　　명부10　武를 통해 도를 추구하던 장수　244
　　명부11　불법의 보급에 매진하던 승려　248
　　명부12　하늘에 대한 갈증　253
　　명부13　자신을 알고자 함에 대한 열망　257
　　명부14　한 부족을 이끌던 지도자　261

에필로그… 비 오면 비를 통하여 눈 오면 눈을 통하여　265
편집자의 글… 맑고 밝고 따뜻한 우주시대를 여는 책　268

책을 내면서… 이 책을 읽는 분은 천수체입니다   5

1. 수련생들이 나아가야 할 방향
  방향1 수련의 방향   16
  방향2 수련생마다 다른 수련 과정   19
  방향3 수련의 공통 과정, 호흡   22
  방향4 우주선(宇宙線)으로의 연결   25
  방향5 천기단계를 넘어 우주로   28
  방향6 건강한 몸에 깃든 건강한 마음   31
  방향7 불균형에서 균형으로의 진화   34
  방향8 마음을 안정시키는 2가지 방법   37
  방향9 무심은 선인화의 첩경   40
  방향10 파장을 통한 진화   43
  방향11 진화를 위해 준비된 별   46
  방향12 선배 영장류와의 교류   49
  방향13 수련의 승수효과, 동참   52
  방향14 수련의 요체는 정심   55

2. 스승은 자신을 버려 제자를 구하시는 분
  스승은 자신을 버려 제자를 구하시는 분   58
  스승의 날의 의미   61
  스승이라는 역할은 선계의 사명   64
  우주의 존재를 자각하는 시점   70
  자신의 길을 갈 수 있도록   73
  스승에게서 뿌려진 씨앗을 제자들이 키워야   76
  인간의 잣대, 하늘의 잣대   79
  천기와의 인연   82
  스승의 인도   85
  조물주의 뜻을 펴시는 분   89

스승의 직접 수련지도에 대하여   92
    죽음에 대한 공부, 명공부   95

3. 호흡을 통한 본성과의 만남
    천기의 소중함   98
    천기는 느낌으로 온다   101
    천기의 응용에 대하여   105
    백일 수련   109
    천일 수련, 자신과 수련이 하나 되는 과정   114
    1차 백일 수련 진행   117
    2차 백일 수련 지침   119
    3차 백일 수련 지침   122

4. 본성에 이르는 다양한 수련방법
    자평수련(自評修鍊)   126
    도반의 충고는 하늘의 충고   129
    선계의 당부 말씀   133
    수련생의 점수에 대하여   138
    모든 것을 비우는 공심수련(空心修鍊)   141
    인연이 아닌 인연   143
    수련생들의 수준   145
    ○○지부장의 의통 능력   147
    엄○○의 호흡 법   149

5. 선명, 선계에서 사용하는 이름
    선명의 의미   152
    선명반 용신 수련   155
    수련생의 외로움에 대하여   160
    선명 반납에 대하여   163
    선명 회수에 대하여   165

6. 선계수련의 볼텍스를 찾아서 - 국내행련

선계수련의 볼텍스　170
단0산에 대한 문의　173
우주 기운의 기준점, 단0산 산신　176
선계수련의 성지　178
분산의 명소, 골0산　181
골0산 행련 평가　183
명0대 산신과의 대화　185
천기가 서린 곳, 명0대　191
어머니와 같은 기운, 모0산　194
기운 정화의 명소, 진0산　198

7. 몸을 교재로 하는 수련생들 2 (『천서』 2권에서 이어짐)

병은 마음이 반영된 결과　206
천연을 가꾸는 정성　211
몸은 공부의 가장 직접적인 교재　214
매 순간 감사하는 마음으로　219
이0 수사의 몸 공부　222
노년의 수련은 마음공부 위주로　225
00 수사의 질병　229
부채를 갚는 해업 과정　231
00 수사의 피부병　235
00 수사의 협심증　237
마음의 크기, 몸의 크기　239
본인의 의지가 중요한 변수　241
단전을 놓친 수련생　244
사스(SARS)의 원인과 대책　246

8. 우주에서 온 수련생들

　　명부1　향천 후 고향별 카디날성으로　250
　　명부2　동물은 하늘이 내려준 교재　253
　　명부3　처음 태어난 천수체의 씨앗　256
　　명부4　영체들을 관리하던 아라성의 영주　259
　　명부5　수련인연 100　262
　　명부6　완기 공간인 00성단의 00　264
　　명부7　영계를 통하여 지상에 태어난 포자　267
　　명부8　와우성의 책임자　269
　　명부9　무라성의 수련 관리인　272
　　명부10　진화를 위해 유학 온 선녀　274
　　명부11　지구에 태어나기 전 동면기를..　277
　　명부12　선계에서 하늘을 관리하던 선녀　279

에필로그... 비 오면 비를 통하여 눈 오면 눈을 통하여　285
편집자의 글... 맑고 밝고 따뜻한 우주시대를 여는 책　288

1

선문화,
하늘을 알고 사랑하고 자연을 알고 사랑하고
인간을 알고 사랑하는 일

선문화의 주제는 편안함

- 선문화를 펴는 방법에 대하여 문의합니다.

선문화란 곧 인간이 수련을 통하여 선인화하고자 하는 방법이다. 문화란 곧 인간의 모든 것이니 이 모든 것 중에서 가장 보람 있고 가치 있는 것은 바로 선문화여야 하는 것이다.

각국의 문화와 정서는 다양한 형태를 지니고 있으며, 이러한 각종 유형들은 열대에는 열대초목이 자라고 온대에는 온대의 작물이 성장하듯 각국마다 다른 배경 하에 발아하여 성장하여 왔다.

선문화는 인간들이 필요로 하는 진화와 건강 그리고 영혼의 문제에 대한 해답을 가지고 있어 일견 보기에는 타종교와 유사하다고 할 수 있다.

그러나 깊이 분석해 보면 자기 자신에 대하여 최초로 의문을 가진 사람이나, 더 이상의 의문이 없을 만큼 수련을 한 사람이 모두 자신의 문제에 대한 해답을 찾을 수 있는 수련이 바로 수선재인 것이다.

선문화란 육체와 영혼의 정화운동으로서 인간이 반드시 필요한 부분에 대하여 단계별로 나름의 해답을 찾아가는 것인 것이다.

이러한 선문화를 각국에 펴는 방법은 각국 나름의 특성을 이용하여야 하는바 그 특성의 가장 기초적인 부분에 재미가 위치하고 있으며, 이 재미의 바로 다음에 건강에 대한 관심이 위치하고 있다.

자신에 대한 해답을 찾는다는 것은 수선재가 실시하고 있는 "나는 누구인가?"를 작성하는 이유인바 이러한 부분에 대하여는 각 종교가 나름의 해답을 가지고 있다. 이러한 해답은 각 종교의 창시자의 수준에 따라 나름의 해답을 제시하고 있으며 이 해답이 바로 인간이 해당 종교를 통하여 추구할 수 있는 최종목표라고 할 수 있다.

따라서 이 분야의 해답을 제시한다는 것은 해당국의 종교와 자존심 싸움이 될 우려가 있으므로 인간이 수련을 통하여 어디까지 갈 것인가를 제시함보다는 건강이나 삶에 있어서의 마음가짐 등 평범한 기초적 의문을 해소해 주는 방향으로 시작함이 옳다.

선문화의 열쇠는 바로 인간의 마음가짐을 평온하게 해줌으로써 누구나 접하면 편안해지는 분위기를 연출할 수 있어야 하며, 따라서 수련장의 조명과 컬러 등을 인간이 가장 편안해하는 방향으로 설정하는 것이 좋다. 복장 또한 인간이 가장 편안해 할 수 있는 것으로 만들고 이곳에 오면 모든 시름을 잊을 수 있도록 하여 줄 것을 요한다.

인간이 가장 추구하는 것은 편안함이며 이 편안함에 대한 추구는 생래적인 것이다. 수련은 현재의 고행을 통하여 영생의 편안함을 얻고자 하는 것인바 이러한 방법으로 목표를 추구할 수 있는 사람은 상근기라고 할 수 있다.

그러나 이 세상은 중근기 이하의 인간들이 다수를 차지하고 있으니 만큼 중하근기의 인간들을 상근기로 유도할 수 있는 방법이 바로 편안함에 대한 인식이라고 할 수 있다.

어머니의 뱃속에 있을 때의 편안함은 바로 인간이 상상할 수 있는 선계와 가장 유사한 느낌이며, 인간이 가장 그리워하는 것 중의 하나이니 이러한 편안함을 느낄 수 있도록 하여 주는 것은 많은 수련인들이 수련의 기초과정으로 들어올 수 있도록 함에 큰 도움이 될 것이다.

선문화의 주제를 편안함으로 설정하되 이를 펼 수 있는 방법을 수선재의 다수의 지도자들이 의논해서 시행하도록 하라.

하늘을 알리는 선문화전

선문화전은 인간들에게 선계를 알리는 가장 좋은 방법으로서 하늘도 감동하는 행사이다. 중생들이 잠재적으로는 선계를 접하고 싶어도 선계와의 인연이 없어 항상 속계의 범주를 벗어나지 못하고 살아왔다.

기존 천서에 있듯이 선계에 대한 모든 것을 타인과 나눔은 그것이 바로 내가 먹을 맛있는 것을 나누어주는 것에 비유할 수 있으나 타인에게 즐거움을 줄 수 있으면서도 내 것이 줄어들지 않고 오히려 이러한 공로로 인하여 나의 것이 늘어나는 것이니 어찌 이런 보람있는 일을 하지 않을 것인가?

선계에서 내려다보시는 여러 선인들도 이러한 행사 시에는 깊은 관심을 보이고 있으니 행사에 임하는 모든 수련생들이 이러한 의미를 알고 정성을 다하여야 할 것이다.

수련이란 아무나 할 수 있는 것이 아니며, 일정한 자격을 갖춘 사람들이 할 수 있는 것이니 우주에서 선발된 인간이라는 것은 선인이 되기에 그만큼 가까운 사람임을 말해주는 것이다.

선계란 인간들이 지금까지 말하던 유토피아나 천당, 극락 등을 모두 합한 개념으로서 수선재에서 스승을 통하여 내려간 다양한 천서의 내용에 있는 바와 같다.

조물주의 반열에 이를 수 있다함은 스스로 만물을 만들어내는 것이니 어찌 이미 만들어진 환경 속에서 맞추어 살아감에 비유할 수 있을 것인가?

조물(造物)이란 만물을 만들어내는 것뿐만 아니라 만물이 살아감에 필요한 모든 법칙까지도 만들어 내는 것이니 이러한 일은 어느 한 분의 몫이 아닌 것이다. 수많은 선인들이 모여서 하나의 조물주를 구성하는 것이며, 조물주의 영향 아래에서 자신의 역할을 하고 있는 것이다.

지구상에도 큰 산에는 주신(主神)이 있고 그 아래 작은 봉우리와 골짜기, 그 산에서 발원한 개천을 담당하는 신들이 있으며 산자락의 농토를 담당하는 신들이 있듯 하나의 산을 구성하고 관리하기 위해서는 수많은 신들이 역할을 분담하여 온 것이다.

* 설악산을 예로 들어보면, 설악산 총신인 설악 산신 아래 대청봉 산신, 중청봉 산신, 소청봉 산신이 있으며 오색천 산신 등이 있고 울산바위를 지키는 산신이 있는 것과 같습니다.

설악 산신은 태백산신 12분 중의 한 분으로서 백두, 금강, 지리산신 등과 함께 등급이 높은 편에 속합니다. 이러한 신들의 체계는 지상에서 대통령 아래 각 장관과 시도지사가 있는 것에 비유할 수 있습니다.

하물며 온 우주를 구성하고 유지함에 필요한 법칙은 상상조차 할 수 없을 만큼 광대하고도 많아 인간의 언어로는 표현이 안 되는 것이니 수련의 단계를 높여 직접 느껴볼 수밖에 없는 것이다.

선인의 단계란 이러한 우주를 느껴볼 수 있는 범위를 말해주는 것이기도 해서 등급이 낮은 선인들은 지구의 하급 산신이 작은 봉우리 하나를 담당하듯 자신의 범위를 넘어갈 수 없는 것이다.

이러한 광대무변함을 인간들에게 알려주어 자신의 내부에 존재하는 겸손을 통하여 깨닫게 함으로써 하늘을 알도록 하게 하는 선문화전을 주최한다는 것은 우주를 공부하는 수련생으로서 가장 보람있는 일 중의 하나라고 할 수 있다.

하늘의 도리를 펴는 방법

이 세상의 모든 것은 때가 있다. 이 '때'를 기회라고 하는바 이 기회를 맞이하여 자신이 구하고자 하는 바를 진정 자신의 것으로 만들 수 있는가 그렇지 못한가는 인간의 일생에 있어 가장 중요한 전기가 된다.

이러한 전환점을 자신을 격상시키는 계기로 활동할 수 있는가 아닌가는 천수체의 삶에서 가장 중요한 것이다.

하늘이 자신에게 내려준 기회를 자신의 것으로 하는가 흘려버리는가는 인생에서 가장 중요한 문제이며, 이러한 문제에 봉착하여 정확한 답을 내릴 수 있는 능력의 유무는 인간의 일생에서 신의 반열에 오를 수 있는 기회를 살려 자신의 것으로 할 수 있을 것인가에 직결되는 것이다.

인간의 몸을 가지고 이승에 태어난 이상 신이 될 수 있는 길은 많지 않으며, 이 중에서 가장 용이하고 간단한 방법이 바로 수선재가 제시하는 현재의 자신을 이용하여 영생의 길로 들어서는 것이다.

모든 문제의 해답은 자신의 내부에 있으며, 따라서 자신의 내부에 있는 영성의 씨앗을 발견할 수 있는 능력 유무와 이것을 싹틔워 현재의 자신과 일치시킬 수 있는 능력이 있는가 여부에 의해 선인이 될 수 있는 가능성이 결정되는 것이다.

수선재는 스승이 혼자 이끌어 나가는 것이 아니며 스승이 내려준 하늘의 도리를 제자들이 폄으로써 많은 천수체들이 하늘의 도리를 알 수 있도록 해나가는 것이다.

스승이 아무리 주옥같은 하늘의 가르침을 전달해 주어도 이것을 받아들이는 제자들이 온 정성을 다하여 받아들이지 않는다면 문제가 있는 것이다.

그러한 문제 중 현재 수선재의 가장 큰 문제는 예비 천수체들이 스승의 가르침을 받아들이는 과정에서 우주의 본래의 뜻과 스승의 의지를 상당 부분 사실과 달리 받아들임에 있다.

스승의 가르침은 선인이 되고자 하는 천수체들이 그대로 느낄 수 있어야 하는바 스승이 전달하는 느낌과 이들이 받아들이는 부분이 달라서 하늘의 뜻이 100% 순수하게 전달되지 않고 상당부분 감소되거나 왜곡되어 전달되었다.

이러한 이유는 수선재를 알리고 하늘의 가르침을 전달하는 과정에서 방법상의 문제가 있음에 기인한다. 이 세상은 절반의 순수와 절반의 왜곡으로 형성되어 있으므로, 따라서 하늘의 도리가 이 세상에 퍼짐에 오류가 있다.

빛이 바로 비춰도 그 빛이 속인들의 마음의 프리즘을 통과하면서 자신들에게 편리한 색깔만 선별하여 받아들이게 되므로 전체가 전달되지 않게 된 것이다. 이러한 부분에 대하여 수련생들은 나름의 견해를 결집하여 노력함으로써 우주적 질서가 확산될 수 있도록 하라.

수선재의 차례에 대하여

수선재의 추석차례는 아주 좋은 일이다.

수련의 목적은 자신을 갈고 닦는 일이며 자신을 갈고 닦는 과정에서 자신의 모든 치부가 모두 드러나는 것이다. 이 치부는 절대로 드러내고 싶지 않은 부분도 있고 드러내고 싶은 부분도 있을 것이다. 따라서 "나는 누구인가?"를 통하여 자신의 치부를 드러내는 것이며 드러낸 치부는 스승과 도반들에 의해 치료가 되는 것이다.

이러한 치료 이외에 수련주체는 수련객체인 수련생들이 원하는 것을 찾아서 해줄 수 있는 역량을 갖추어야 하며 원하는 바란 우선 수련생들 본인이 잘 살게 되는 것이다.

현재의 자신이 스스로 원하지 않는 모습을 갖게 된 것은 본인의 역량도 있으나 근본적인 부분은 조상의 역량에 기인한 것이며, 조상의 모습을 제대로 갖추어 놓는다면 자신의 모습 역시 달라질 수 있는 것이다.

그러나 지나간 세월속의 조상을 찾아서 바로 세우는 것은 불가능한 일이며 이러한 일이 가능하다고 하여도 현실적으로 방법이 없는 것이다.

조상의 역량이 높아진다면 그 조상을 통하여 내려오는 기운이 달라질 것이며, 달라진 기운으로 인하여 본인이 남아있는 삶을 헤쳐나감에도 도움이 될 것이다.

수선재의 합동차례는 이러한 의미에서 수련생들로 하여금 가장 필요하면서도 가장 잠재적으로 원하는 바를 마련해 준 것이다. 이러한 활동은 앞으로 수련생들의 마음의 고향을 수선재에 둘 수 있도록 함에 큰 도움이 될 것이며 합동차례를 통하여 이들의 결속을 다질 수 있는 큰 계기가 될 것이다.

우선 선계의 약속을 전하고자 한다.

첫째, 수선대의 차례에 동참하는 수련생들의 조상은 전원 선계의 입구[1]까지 인도한다.

둘째, 이 경우 조상의 천도에 필요한 기운은 수련생 본인 50%, 스승의 지원 30%, 선계의 지원 20%로 한다. 천도기간은 조상의 업과 현재의 위치에 따라 상이하나 반드시 소정의 기간 내에 천도가 가능하도록 인도한다.

셋째, 수선재는 천도되는 기간동안 조상님께 항상 기운을 지원하기 위하여 수선재의 기운줄을 조상님들께 연결하고 유동적인 과정에서 이 분들의 격이 하향되는 일이 없도록 조치한다.

---

[1] 선계입구는 '무변대'라는 곳으로 선인이 될 것으로 예정되어 있는 분들만 수련하는 곳입니다. 선계 바로 앞에 있는 장소이고, 거의 선계와 같다고 볼 수 있습니다. 천서 2권 '우주에서의 수련' (p33) 참고

천도가 되려면 빨래를 할 때 물과 비누, 그리고 인간의 노력이 필요하듯이 상당한 량의 기운과 노력이 필요하며 이러한 기운은 위에 전한 바에 의해 구성된다.

본인이 조상을 천도하고자 하는 욕망이 가장 중요하며, 이러한 기반 위에서 스승과 하늘이 지원한다. 본인의 노력여하에 따라 스승의 지원 비율이 결정될 것이며, 스승이 지원하고자 하는 의사가 어떠한가 여부에 따라 하늘이 지원하고 결정할 것이다.

이러한 조치는 문선생의 건의로 하늘이 금번 추석 이후 시행할 것이며, 앞으로 수선재의 일원으로 등록된 이상 자신의 모든 조상들을 천도할 수 있는 기회가 주어질 것이다. 조상의 천도는 자신을 비롯한 가족 전체가 우주화할 수 있는 가장 큰 일이 될 것이다.

조상은 나의 다른 모습이며, 나의 DNA의 근본이다. 수련을 통한 선계진입은 나의 DNA를 바꾸는 일이나 내가 바꾸었다고 해서 근본이 바뀌는 것은 아닌 것이다.

천민이 양반으로 호적을 바꾼다고 해서 양반이 되는 것이 아닌 대대손손 양반의 가문으로 호적은 물론 그 근본적인 내용까지도 바뀌는 것과도 같은 것이 바로 이 천도의 목적이자 효과인 것이다.

반상이 따로 없는 선계에서는 수련생의 역량에 따라 모든 격이 정해진다. 선계에서의 위치는 오직 수련으로 인한 등급만이 자신과 자신의 주변의 질서를 유지하는 기준이 되는 것이다.

하늘의 뜻은 지구의 선인화로 이 우주에서 가장 에너지의 생산성이 높은 지구 중에서도 타의 추종을 불허하는 한국에서 출범한 수선재를 통하여 지구를 전 우주에서 가장 위상이 높은 별로 지정하고자 한다.

이 과정에서 조상의 천도를 통하여 수선재의 성장을 영계에서까지 지원할 수 있도록 그 범위가 확대되었다.

인간의 몸으로는 받을 수 없던 모든 대역의 파장을 수신할 수 있는 능력이 주어지며, 이러한 파장 수신을 통하여 수선재의 역량이 증가할 것이다.

모든 수련생들이 자신의 조상을 천도하려 노력하는 것은 곧 자신의 위상을 제고하는 것이며, 자신의 위상 제고는 바로 자신을 둘러싼 모든 조건의 제고를 뜻하는 것이니 이 모든 것에 어찌 아까움이 있을 수 있을 것인가?

멀고 먼 노정이 당겨지면서 자신의 갈 길이 한결 명확해 질 것이다. 수선재의 모든 수련생들이 자신의 업을 정리함에도 많은 도움이 될 것이니 절대로 조상을 잊고는 잘 될 수 없음을 명심하라.

조상이란 나를 낳아준 분이기에 앞서 나의 모든 과정에 열쇠를 갖고 있는 분들 중의 한 분이니 조상님을 잘 모시지 않고서는 내가 잘 될 수 없는 까닭이다.

* 수련법은 추석날 전수한 수련법으로 하시며 조상님들의 기운이 맑아지는 정도를 보아 추후 다른 수련법을 전수하고자 합니다.

천도 중인 조상님들의 현황

위패 제출자들의 경우 후손들의 도움으로 호흡을 얻어 현재 있는 곳에서 점차 영계의 상층부로 이동하고 있으며, 자신의 기운을 되찾은 후 선계에 입장할 준비를 하는 곳까지 인도되어 일정 기간을 수련한 후 선계로 들어감.

수선재에서 천도라 함은 선계입구까지 가는 것을 말하며 이 과정까지 인도할 것임.

대부분 새로운 기운을 받아 정신을 차리고 있으며 질병이나 사고로 향천한 경우 자신의 영체를 치유하는 중이며 노환의 경우 기력을 회복하는 중임. 전원이 대체로 기운이 보급되면서 본래의 자신으로 돌아가는 과정으로 들어섰음.

(향천자의 현재 상태)

『소설 선』2)중에서 "영계의 모습"

---

2) 『소설 선』: 조선 중기의 대선인 토정 이지함의 3대에 걸친 구도기로 실제 대화를 통해 구성한 소설 아닌 소설

1)

"선계란 모든 것이 투명의 극치를 달리고 있네. 있는 그대로 모든 것이 비추게 되어 있네. 이 그림에 가감을 한다는 것이 허용되지 않는 것이지. 가감이 허용된다는 것은 선계에서는 있을 수 없는 일이네. 모든 것이 정확하므로 그 기반 위에서 모든 것이 진화할 수 있는 것이지. 저길 보게."

별들이 사라지고 공중에 떠 있는 수많은 인간의 영체들이 보였다. 누워있는 경우도 있었고, 앉아있는 경우도 있었으며, 엎드려 있는 사람도 있었다. 처음에는 수십 명이 보였으나 점차 시야가 넓어지면서 수십만, 아니 그 이상의 영체들이 떠 있는 것이 보였다. 해수욕장의 백사장에 모래만큼이나 많은 사람들이 떠 있었다. 끝이 보이지 않았다. 선계의 눈으로도 보이지 않을 정도로 아득한 저 멀리에까지 떠 있었다.

한 사람간의 거리는 양 옆이나 아래위로 약 2-3장(6~9미터) 정도로 떨어져 있었으며 모든 사람들이 줄을 맞추어 있는 것은 아니었다. 길게 보면 줄이 맞은 것 같았으나 반드시 그런 것은 아니었다. 가만히 보니 약간 넓은 공간을 차지한 사람도 있고, 그렇지 않은 사람도 있어 공간에 약간의 차이가 있었다.

위로 올라갈수록 얼굴에 화색이 돌고 금방이라도 깨우면 일어날 것 같은 생태인 것으로 보아 다소 의식이 있어 보이는 영체들 같았으며, 아래로 내려갈수록 얼굴에 화색이 없고, 거의 석고 같은 느낌이 들며, 생기가 없는 것으로 보아 의식이 없는 영체들이었다.

공중에 떠 있는 것을 보면 무중력상태 같았다. 몸을 움직이는 사람들은 없었다. 자신의 자리는 항상 그대로인 것 같았다. 무엇인가가 아주 작은 별똥별 같은 것이 이들이 떠 있는 곳을 지나가자 약간 흔들리더니 다시 제자리를 찾아 들어가고 있었다.

아무 것도 보이거나 얽혀 있는 것은 없었으나 정확한 자리가 정해져 있는 것 같았다. 모든 사람들이 자신이 생전에 입던 옷을 입은 모습 그대로 공중에 떠 있었으나 미동도 없이 가만히 있었다.

"지금 보고 있는 곳은 사망한 인간의 영체들이 보관되어 있는 곳이네. 이곳에서는 영급의 차이에 의해 보관 장소가 정해지네. 우주란 워낙 넓어서 저렇게 끝도 없이 보이는 것 같아도 아주 좁다고 할 수 있지."

아마도 지금까지 죽은 모든 영체들이 환생한 일부를 제외하고는 거의 다 있는 것 같았다. 저렇게 많은 영체들이 있었구나. 그렇다면 환생한 일부는 어떠한 과정을 거쳐서 다시 태어나는 것인가?

2)
"영체"
인간이 동일한 공간에서 동일한 시간을 보내고 향천하면서 결과는 두 가지로 나타난다. 하나는 선계로 가는 것이요, 하나는 영계로 가는 것이다.

영계로 간 사람은 거의 무한대의 시간동안 자신의 자리에서 동면상태로 있을 가능성이 대부분이었지만 선계란 바로 인간들의 상상 속에 존재하던 무릉도원이었다.

영계는 자신의 의사가 있어도 실행할 힘이 없었다. 선계는 자신의 의사를 실행할 힘이 주어지는 곳이었다.

영계는 역할이 주어지지 않아 발전을 위하여 많은 노력을 할 수도 없거니와 노력을 하여도 그 대가가 주어지기가 힘든 곳이었다. 하지만 선계는 자신의 역할이 주어지고 그 역할에 따라 노력을 할 수 있으며 그 노력의 대가를 자신이 누릴 수 있는 곳이었다. 물론 개인의 것이 되는 것이 아니라 보다 승화된 기쁨을 누릴 수 있는 곳이었다.

지함은 언젠가 아스라한 기억 속에서 들은 적이 있었던 영체들의 세계가 기억났다. 그 곳에서는 수없이 많은 영체들이 있다고 하였다.

누워있는 경우도 있었고, 앉아있는 경우도 있었으며, 엎드려 있는 사람도 있었으며, 처음에는 끝이 보이지 않을 만큼의 영체들이 선계의 눈으로도 보이지 않을 정도로 아득한 저 멀리에까지 떠 있는 곳. 일정하게 줄을 맞추어 떠 있으나 아래 위로도 수천 층이 존재하여 어디가 끝인지 보이지도 않고 알 수도 없는 곳.

이러한 영체의 층은 위로 올라갈수록 얼굴에 화색이 돌고 금방이라도 깨우면 일어날 것 같은 상태이기도 하였으나 아래쪽으로 내려갈수록 얼굴에 화색이 없고, 거의 석고 같은 느낌이 들며, 생기가 없는 것으로 보아 의식이 없는 영체들이라고 하지 않던가?

영체와 선인들의 차이는 감히 수만 년의 세월로는 해결될 수 없는 벽이 존재하는 것 같았다. 그 벽을 깨고 넘어갈 수 있는 방법은 호흡이었다. 하지만 영계는 호흡이 사라진 곳이었다. 존재할 수 있는 정도의 氣만이 존재하는 곳이었다.

모두가 그저 식물인간과 같은 상태로 동면하는 것만이 허용되는 정도의 기운이 보급되고 있었다. 이러한 상태는 어떠한 변화의 가능성을 철저히 배제당한 채 사라지지 않고 마치 돌처럼 존재하기만 하는 가장 불행한 상태였다.

이러한 상태에서 호흡 하나가 추가됨으로써 그것이 생명체로 바뀌는 것이다. 생명체로 바뀔 뿐 아니라 그 생명체가 진화를 거듭하여 격이 다른 생명체로 태어나는 것이었다.

아무나 되는 것은 아니었으며 물질에 영혼이 내재하고 있으나 발아하지 못하고 동면하는 상태에서 실오라기 같은 호흡이 이어질 때 변화는 시작되는 것이었다.

생명이란 모든 것을 바꿀 수 있는 힘을 자신의 내부에 가지고 있는 것이었다. 가지고 있는 것에서 그치지 않고 그 가지고 있는 힘으로 자신을 변화시키고 변화한 자신의 역량에 의해 주변의 것들을 변화시키며, 주변의 변화에 의해 모든 것들을 바꾸어 나가는 것.

작은 솔 씨 하나가 바위를 뚫고 위로 솟아 나와 낙낙 장송으로 성장할 수도 있는 것이었다. 이러한 변화의 가능성이 바로 생명에서 나오는 것이었다. 이러한 생명의 변화능력은 바로 이 세상을 바꾸어 나가는 근본적인 힘이었다. 세상을 바꾸는 힘은 다른 것이 아니었다. 바로 생명을 얻는 것이었다. 생명을 가지고 있는 것과 가지고 있지 않은 것은 발전 가능성이 있느냐, 아니냐의 가장 근본적인 차이를 만들어 내고 있었다.

* 금번 제 4차 백일수련은 각 수련생의 개인 수련 뿐 아니라 천도를 희망하는 조상님들과 함께 하는 수련이라고 인식하고 참여하여 주시기 바랍니다.

위패를 제출하지 않으신 분들도 천도하여 드리고 싶은 조상님을 마음으로 의념하고 수련하신다면 본인이나 조상님들에게 많은 도움이 되실 것입니다.

* 「천서」 제2권의 '우주에서의 수련' (p33)을 참조하시면 천도나 향천에 관한 이해에 도움이 됩니다. (편집자주)

수선대의 햇무리와 달무리

하늘은 항상 기쁨과 슬픔을 그대로 가지고 있는 법이 없다. 어떠한 기쁨이든지 하늘이 표현할 수 있는 방법으로 표현하며, 어떠한 슬픔도 또한 감추는 법이 없어 이러한 하늘의 상태를 인간들이 볼 수 있도록 하는 것이다. 하지만 그 볼 수 있는 사람은 하늘의 기쁨과 슬픔을 공유할 수 있는 사람들이다.

수선대는 하늘과 기쁨을 공유할 수 있도록 속(俗)에서 인간의 행동을 순화시키는 기운을 만들어 내는 곳이며, 이러한 일은 스승이 닦아놓은 터전 위에서 수련생의 기운으로 가능한 것이다.

이 기운은 인간으로 있으면서 자신의 내부에서 선계의 씨앗을 싹 틔우는 선계 수련생들의 마음에서 우러나오는 것이며, 이러한 마음이 하늘에 닿아 피어오르는 것이 바로 햇무리와 달무리의 모습 등으로 보이는 것이다.

이것 외에도 수선대의 상공에는 다양한 하늘의 모습이 있어 그때 그때 하늘이 인간에 대하여 갖고 있는 감정을 표현한다. 이러한 모습은 수련의 단계가 진전됨에 따라 더욱 다양한 모습으로 보일 것이다.

때가 되면 수선대의 하늘뿐만 아니라 각 지부의 하늘에서도 일정한 반응을 보일 것이나 자연스레 보이게 될 것이니 너무 성급히 기다리거나 하늘만 쳐다보지는 말 것.

인간이란 항상 자신의 내면에 하늘을 가지고 있어 이 마음속에 가지고 있는 하늘의 파장(心天波)이 천상의 하늘 파장(天上波)과 일치할 때 그것이 보이게 되는 것이다.

따라서 자연 현상의 일환으로 속인들에게 보이는 햇무리와 천수체의 눈에 보이는 햇무리와는 그 본질이 다르며 그 자체가 파장의 동조화에 일조하는 것이다.

하늘은 자연 현상을 통하여 자신의 의사를 표현하니 이러한 것을 잘 읽는 것은 바로 파장 대역을 넓혀 천기독해를 하는 것이며 수련으로 가능한 단계인 것이다.

수련생이 자신의 앞에 보이는 햇무리와 달무리를 보면서 그 햇무리와 달무리의 파장을 다른 천수체들에게 보내면 그 파장을 받은 천수체들도 마음이 맑아져서 하늘의 파장을 받아들이게 되는 것이다.

천수체들끼리는 이미 기운이 연결되어 있어 다른 사람이 좋은 일이 있을 경우 이 파장을 공유하는 시스템이 가동되고 있으나 보내는 마음이 없으면 파이프라인이 설치되어 있으면서도 전송되지 않는 것과 같으니 상호간에 열심히 기쁜 마음을 보내고 받는다면 기운이 유통되면서 많은 시너지 효과가 날 것이다.

힘겨운 사람이 있을 경우 마음의 파장을 보내는 것과 안 보내는 것은 받는 사람의 입장에서 볼 때 많이 효과가 다르다. 팔문원 무지개의 형상은 그 자체로 완벽한 천기의 형태이니 타수련생들에게 기운을 보낼 때는 이 기운을 이용하도록 할 것.

지구에서 바라보는 하늘은 상천, 중천, 하천으로 구분되어 있으며 하천에는 하늘의 감정적 기능과 일부 수련단계가 높아 하늘의 파장대역에 가까워진 우주인들의 역할이 존재하고 있다. 따라서 하천에서 일어나는 일은 대부분 하늘의 감정적 표현이며, 일부는 수련 선배로서 선인의 반열에 거의 다가간 우주인의 의사가 함께 일어나는 것이다.

하천은 하늘 중에서도 구름 아래와 같아 눈비가 오고 화창한 날씨가 있는 것처럼 감정적 기복이 존재하며 환희와 분노를 표현하기도 하는 것이니 타 종교에서의 감정적 표현은 바로 이 단계에서 일어남을 알 수 있는 것이다.

중천을 지나 올라가면 구름위로 비행기가 날아가는 것과 같아 항상 맑은 하늘뿐이며 눈비가 내림이 있을 수 없고 잔잔한 기쁨의 파장이 상존하여 온화함이 있을 뿐 별 다른 표정을 느낄 수 없다.

천수체의 발현을 기꺼워하는 하늘과 지상에서 이 뜻을 펴는 수선재가 공유할 수 있는 것이 구체화함은 수선재의 발전과정에서 참으로 좋은 일이며, 이러한 하늘의 표현이 수련생들에게 보이는 것이니 하늘과 수련 선배들의 수선재에 대한 애정을 기쁘게 받아들일 것.

수맥에 대하여

수맥이란 풍맥, 지맥과 더불어 자연을 형성하는 맥 중의 하나이다. 수맥과 풍맥, 지맥은 지구에서 기운이 움직이는 길이며, 이 길은 지구의 혈관 노릇을 하고 있다. 이 기운이 완성되는 것은 우주 기운과 합일됨으로써이며, 우주 기운과 합일되지 않은 상태에서는 완벽한 효력을 발휘하지 못하게 된다.

이들 삼맥은 상호간에 영향을 주고받음으로써 서로 보완하고 견제하여 균형을 이루도록 되어 있다. 이러한 맥을 긍정적으로 이용하면 인류의 힘을 격상시키며, 부정적으로 이용하면 인간의 힘을 감소시키는 것이다.

수맥이란 잠수맥과 현수맥이 있으며 잠수맥은 지하로 흐르는 물길이요, 현수맥은 개울과 강으로 이루어진 지상의 물길이다. 이들의 기운을 잘 이용한다면 많은 물자를 힘들이지 않고 운반할 수 있기도 하였으나 이 기운을 거역한다면 회복할 수 없는 결과를 초래하기도 하였다.

수맥과 풍맥, 지맥이 함께 할 경우 강을 따라 내려가는 돛단배에 뒷바람이 불어주는 것에서 볼 수 있듯 상상할 수 없는 큰 힘이 발휘되는 것이다.

현수맥은 눈에 보이므로 쉽게 이용할 수 있으나 잠수맥은 보이지 않음으로 그 기운을 알 수 없는 경우가 많아 많은 사람들이 잠수맥을 찾아 이용하고자 노력하고 있다.

이 중 하나가 수맥이 인간에게 미치는 영향을 차단하고자 하는 것인바 이러한 시도는 일시적으로 성공할 수 있으나 아무리 큰 댐을 막는다고 해도 근본적으로 물길을 돌리는 것은 한계가 있듯이 지하 수맥의 힘을 잘 이용하여 긍정적으로 이용하도록 하는 것이 좋다.

수맥이 인간에게 주는 영향은 긍정적인 면과 부정적인 면이 절반씩이며 이것은 인간이 이용하기에 달렸다. 현수맥이 없는 곳에서는 잠수맥을 찾아 그 물을 펌프로 길어 먹듯이 잠수맥의 인간에 대한 기여는 실로 큰 것이다.

풍맥 역시 바람이 이동하는 길을 따라 비와 구름이 오기도 하고 이들을 멀리 실어보내기도 하며, 이러한 작용은 인간 생활의 기본을 이루었고, 이것을 이용하여 인간들이 농사를 하거나 물자를 운반하는 등 도움을 받는 것이다.

지맥은 풍수에서 나오는 것이며 기운이 흐르고 숨고 나오는 것을 말함이니 이것 역시 인간 세상에 많은 영향을 주는 것 중의 하나인 것이다.

이들 삼맥의 힘을 수련에 이용한다면 상상할 수 없는 도움을 받을 수도 있는 것이며, 이 모든 것이 인간에게 미치는 영향은 수련으로 조종할 수 있는 것들이 대부분이다. 무해 무득하게 할 수도 있으며, 유해 유득하게 할 수도 있으니 수련생의 경우 상식적으로 판단하면 된다.

수맥은 사람이 물위에서 잘 수 없듯이 약간 피하여 사용하는 것이 좋으나 멀리 떨어진다면 인간의 생존이 불가한 것이니 지척에 두고 활용하는 방법을 익히는 것이 가장 상수인 것이다. 모든 것은 이용하기에 달렸다.

* 기존의 수맥 관련인들은 수맥 위에 집을 짓는 것은 모두 나쁜 것으로 말하고 있으나 실은 인간에게 이로운 수맥도 많이 있습니다. 인간에게 해로운 수맥과 이로운 수맥의 비율은 현재 한국의 경우 반반이라고 볼 수 있습니다.

○○ 부지가 명당이라고 하는 이유는 지맥과 풍맥, 수맥이 고루 조화되어 있어서이며, 여기에 천기와 우주 기운이 지원되고 있으므로 지상에서는 더 할 수 없는 최상의 조건을 구비하고 있습니다.

부지를 선정할 때 땅속에 풍부한 물이 있고, 바람이 남동풍으로 온화하며, 기운이 들어가고 나오는 것이 마치 한반도를 축소해놓은 형상으로서 선계의 방향인 남동쪽으로만 열려 있어 매입을 허락했던 것입니다. ○○ 부지에 흐르는 수맥을 차후 수련에서 최대한 활용하고자 합니다.

2

지부,
하늘과의 만남을 이루어 주는 곳

지부장의 조건

지부장이란 수련과 경영능력이 모두 탁월하여야 한다. 이 두 가지 능력이 모두 탁월하지 못하면 어떻게든 해보려는 정성이라도 탁월하여야 한다.

지부장의 능력은 혼자의 능력이 아니라 지부의 전 회원의 능력이며 전 회원의 능력이 모여서 지부장의 능력으로 나와야 한다. 구심점은 지부장이 되 그 힘을 만들어 내는 것은 회원들의 힘인 것이다. 회원이라는 "물줄기"를 끌어 모아 "강"을 만드는 것이 지부장이며, 이 지부장의 인도로 선계라는 "바다"로 모여들게 되는 것이다.

따라서 지부장은 전 회원의 뜻을 모아 하나로 뭉쳐낼 수 있어야 하며, 이 뭉쳐진 뜻을 가지고 앞에 있는 장애물을 넘어 바다로 갈 수 있어야 한다.

수련에 있어 바다란 곧 우리가 가야 할 우주이며 이곳을 향하여 가지 않고 머문다면 물이 흐르지 않는 것과 같아 정체를 피할 수 없고, 정체된 상태에서는 썩어서 말라 버릴 수밖에 없는 것이니 수련이 될 리 만무한 것이다.

지부장은 여러 유형이 있다. 우선 수련에서 탁월하여 수련으로 모든 것을 해결할 수 있는 수련생이다.

둘째는 수련과 경영능력을 종합하여 해낼 수 있는 수련생이다. 셋째는 수련은 아직 단계에 도달하지 못하였으나 정성으로 보아 구성원의 총의를 이끌어내고 이것을 실현할 수 있는 수련생이다.

모두 기본적으로 수련에 대한 확신이 선행되어야 하며, 이것이 선행된 후 경영 능력 등 다른 조건이 갖추어져야 한다.

초기보다 수선재의 역량이 비교할 수 없이 성장한 현재의 시점에서 지부장의 역할 역시 종전과는 많이 다를 수밖에 없다. 사회가 변화해 나감에 따라 중생들이 요구하는 바가 무엇이며 수선재가 이들의 목마름에 어떻게 부응하여야 할 것인가를 연구해야 하는 것도 바로 지부장이다.

중생들은 자신이 원하는 바가 각자 달라서 모두 하늘 끝을 보고자 함이 아니며 한발자국을 가고 싶은 사람도 있고, 두발자국 가고 싶은 사람도 있으며, 이렇게 가다가 나중에는 끝까지 가고 싶은 사람이 생기기도 하는 것이다.

선계는 모든 중생들을 구해주고 싶으나 이들이 인연이 짧아 손길이 미치지 못한다면 미치는 곳까지 다가가서 이들을 구해주는 것이 방법일 것이다.

전·현직 지부장들끼리 수련을 하면서 방향을 결정해 보고 이 회의에서 나온 결론을 각 지역 실정에 적합하게 실현해 보는 것이 좋을 것이다.

지부장은 현직만이 지부장이 아니며 전직도 현직과 동일한 반열에 드는 것이니 전 현직 지부장이 합하여 3명이라면 지부장이 3명이되 현직 지부장 한 사람이 대표성을 띠는 것과 같다. 지부장급 수련생이 많다 함은 마음을 모음에 있어 한결 수월한 단계가 되는 것이다.

지부장이란 선배를 모시고 후배를 이끄는 자리로서 선계의 한 지역을 책임지는 중책이니 어찌 속세의 자치단체장에 비교할 수 있을 것인가? 분발하여 현실 속에서 천수체들에게 길을 열어 줄 수 있는 방법을 찾아보도록 하라.

지부장과 회원들이 한마음으로

모든 것은 공부이다. 옳고 좋은 것만 가르치는 것이 공부가 아니라 그릇되고 나쁜 것을 가르치는 것도 공부인 것이다. 지부장들이 하는 일이 그릇되고 부족해 보여도 그러한 이 세상의 모든 것이 공부인 것이다.

지부장들이 아무리 잘하려고 하여도 모든 사람을 다 위할 수 없는 노릇이며, 대다수를 위하지 않는 것처럼 보이고 부족한 점이 있어도 세월이 흘러 위치가 바뀌고 나면 이해가 갈 수 있는 부분이다.

항상 상대방의 입장에서 모든 일을 생각하고 돌아보면 이해될 수 있는 것을 자신의 입장에서 생각하고 이해함으로 불협화음이 생기게 되는 것이다.

속(俗)의 모든 것들은 작은 공부인 것 같아도 작지 않은 경우가 있으며, 큰 것 같아도 크지 않은 경우가 있다. 이 모든 것들에 대한 구별은 하늘이 하는 것이며 인간의 몫이 아니다.

지부장이 하는 일에 대하여 회원의 입장에서 보기에 일견 부족한 점이 있는 것 같아도 지부장의 입장에서 보면 그 일이 하여야 하는 일인 것이다.

지부장이란 한 사람이 영속적으로 하는 것이 아니며, 돌아가면서 지부를 위하여 일을 하는 자리라고 할 수 있는바 현재의 지부장이 설령 방법상 다소 원활하지 못한 부분이 있을지라도 그러한 점은 나중에 자신이 지부장이 되었을 때 수정하면 되는 것이지 현재의 지부장을 중심으로 단합하지 못하고 불협화음을 내는 것이 옳은 길이 아닌 것이다.

천기의 흐름은 한 방향으로 가고 있으나 속(俗)에서 돌아가는 것처럼 보이는 부분이 있어 이러한 곳에서 기(氣)적인 회오리가 치는 경우 인간들의 감정이 순리에 반하여 역으로 흐르는 경우가 있다. 이러한 상황에 처한 수련생들은 마음을 비우고 모든 것을 널리 판단하여 처신하여야 하는 것이다.

지부장들은 현재 수련생의 위치에서 하늘을 대신하여 하늘의 뜻을 전달하는 일을 하고 있으나 아직 100% 선인화되지 않아 인간적인 면이 보이는 경우라도 지부장을 중심으로 뭉쳐서 일을 하도록 한다면 오히려 지부장보다 더한 하늘의 대접을 받을 수도 있을 것이다.

허나 지부의 뜻을 하나로 모음에 역행하는 처신으로 일관한다면 순리에 반하는 행동에 대하여 어찌 하늘이 무심으로만 있을 것인가?

지부장이란 도반들의 뜻을 하나로 모을 수 있어야 한다. 하나로 모은다 함은 동일한 위치에서 도반들의 뜻을 하나로 모을 수 있어야 한다는 뜻이며 상하 간의 위치에서 뜻을 모은다는 뜻이 아니다.

지부장이란 선계에서는 높은 직책이나 속세에 있는 동안은 끊임없이 자신을 낮추는 직책이며 그러한 일을 한 반대급부로서 선계에서의 직책이 높아지는 것이다.

즉 속(俗)에서 자신을 끊임없이 낮추고 도반들을 위하여 노력하는 것이 선계의 인정을 받아 향천하여 자신의 위치를 인가받는 것이며 현생에서 속의 위치를 인정받는 것이 아닌 것이다.

선계란 속계와 달리 계산되지 않는 부분이 없는 곳이며, 이 계산되지 않는 부분이 정말로 큰 것이지 현생에서 계산되어 버린 것은 그것으로 이미 더 이상 빚이 없는 것이다.

하늘은 속계든 선계든 한 번 그 빚을 갚으면 그것으로 계산이 끝난 것이며 더 이상 갚을 것이 없다. 선계의 뜻을 폄에 있어 추후 선계에서 인정받아 크게 받을 수 있는 것을 현생에서 다 받아버린다면 그처럼 무모하고 부족한 것이 없는 것이다.

만일 선계의 존재나 영향력을 부정한다면 현재 이러한 공부를 할 이유가 없는 것이며, 그러한 노고를 할 시간에 편안히 사는 것이 더욱 현명한 것이다.

지부장으로 임명되었을지라도 그 지부장이란 직책을 봉사하는 직책으로 알고 자신이 회원들의 뜻을 수선재란 병으로 담을 수 있도록 모으는 깔때기의 역할을 한다고 생각하면 되는 것을, 개인의 뜻을 전 회원들에게 주지시키려고 한다면 그 힘겨움이 만만치 않을 뿐 아니라 소득 역시 보잘

것 없을 것이다.

수련이란 누가 더 끊임없이 낮출 수 있을 것인가를 보고 있는 것이다.

비할 수 없이 큰 것을 나누는 길

현재 수선재의 발전 속도에 비하여 본다면 일본은 물론 기타 3개국 정도에 지부가 설립되어 있어야 하나 여러 가지 사정상 늦추어지고 있는 실정이다.

지부란 전 지구를 하나의 네트워크로 묶는 공사로서 결코 쉬운 일이 아니며, 쉽다면 아무나 할 수 있는 일로서 그 공이 별로 없는 일이다. 어려울수록 그 공이 큰 것이며, 그 공의 크기에 따라 생전의 공로가 사후에 영향을 미치는 것이다. 이러한 어려움을 함께 하고자 하는 것이 바로 수련에 있어 가장 필요한 것이며, 선기(仙氣)란 나누어 가질수록 그 공이 큰 것이다.

이러한 공로는 인간 세상에서 불우이웃 돕기, 양로원, 고아원 방문 위로 등으로 표현되는 상부상조의 전통과 맥을 함께 하는 것이며, 상하 간에 우애로써 서로를 아껴주는 인간의 전통이 된 것이다.

허나 이러한 정의 주고받음에 비한다면 도의 길을 권하고 나눔은 비교할 수 없이 큰 것을 혼자 갖지 않고 나누어 갖는 것이며, 이러한 나눔은 나누어준 사람에게 금생의 가장 큰 공로가 되는 것이다. 배고픈 자가 자신의 먹을 것을 나누어주듯이 도를 나누어 줄 수 있도록 하라.

이렇게 대단하고 큰 선계의 뜻을 폄에 있어 국가나 인종은 장애가 되지 않는 것이며, 그 벽을 넘어서 가야 하는 것이다. 가장 큰 벽은 바로 이러한 외부적인 벽이 아니라 개개 천종(天種)과 지종(地種)간에 있는 보이지 않는 벽이며, 이러한 벽이 천기의 유통을 막는 것이니 이러한 벽을 넘어가고자 하는 시도는 중요하디 중요한 것이다.

이러한 선도(仙道)의 전파를 전부 스승이 알아서 할 단계는 넘어갔으며 능력 있는 제자들이 자신의 역량의 범위 내에서 추진하여야 할 일이다.

세상에 쉬운 일이 없다. 인간의 일에도 쉬운 일이 없는바 선계의 일에 어려움이 없을 것을 기대함은 그것이 바로 수련을 거저 하고자 하는 것으로서 자신의 수련에도 도움이 되지 않는다. 선계는 스스로 돕는 자를 돕는 것이며 스스로 나태하고자 하는 자를 돕는 것이 아님을 알라.

수선재의 해외지부

수선재의 해외지부 개척의 공로를 불법 전파에 비교한다면 자신이 수련을 열심히 함으로써 타인에게 하늘의 뜻을 전파한 공로는 소승불교와 같으며, 국내에서 주변의 천종을 찾아내고 다른 여러 사람들에게 하늘의 뜻을 전파한 공로는 대승불교의 방법과 같다.

허나 해외에 수선재를 알려 하늘의 뜻을 전파한 공로는 이와 다른 한 차원 높은 공로라고 할 수 있다. 하늘의 뜻을 펴는 방법은 여러 가지가 있으며, 이 평가의 기준은 어느 정도의 기반 위에서 노력을 하였는가에 달려 있다고 할 수 있다.

국내라고 하여 하늘의 뜻을 폄이 어찌 쉬울까마는 해외에서 하늘의 뜻을 펴는 것은 적지에 공수되어 전쟁을 하는 것과 같이 쉽지 않은 것이다. 따라서 많은 기운이 지원되는 것이며, 단독으로라도 안테나 등 하늘의 뜻을 내려 받을 수 있는 장치가 내려지는 것이다.

해외지부란 수선재의 발판을 우리 수련생들이 평소 잘 가보지 않았던 곳으로 펴는 것이니 이러한 노력은 하늘에서도 상당히 가상스러이 느껴지는 것이다.

인류 문명의 전파와 동일하게 평가받을 수 있는 이러한 노력은 수선재의 수련생들이 이제 그만큼 성장하였음을 말해주는 것이며, 해외에서 그 뜻을 편다 함은 장차 이 지구를 하늘의 뜻으로 덮을 수 있음을 말해주는 것이라고 할 수 있다.

해외라고 해도 절대로 외롭지 않을 것이며, 수선재의 국내 수련생들은 장차 상호 간에 교대로, 또는 일정 기간을 두고 지원함으로써 해외의 지부장들이 외롭지 않도록 함 또한 상당한 공로가 될 것이다.

수선재의 임원들은 이들의 어려움을 우선적으로 지원하고 이들의 노고를 덜어주어 앞으로 수선재가 나아감에 발판이 될 수 있도록 한다면 상호 간에 저절로 많은 발전이 이루어 질 것이다.

대륙 간 기운줄의 연결은 상상할 수 없는 강력한 기운줄을 만듦으로써 이 지구의 핵심적인 기운을 수선재가 통제할 수 있도록 될 것이며, 이후 수선재의 발전은 가속화할 것이다.

각자의 노력을 배가하여 반드시 지부 정착이 성공할 수 있도록 하라. 하늘이 무심치 않을 것이다.

지부는 손발과 같은 곳

지부란 대외적으로는 수선재의 지역대표이자 대내적으로는 수선재의 한 부분이다. 하늘 수련은 아무나 할 수 있는 일이 아니며, 수선재란 아무나 들어올 수 있는 곳이 아니다.

또한 들어온다 해도 아무나 그 과정을 마치고 졸업할 수 있는 곳도 아니다. 물샐틈없는 정성으로 무장하고 평생을 최선을 다하여 자신의 길을 찾아 노력한다고 해도 갈 수 있을 것인가에 대하여 확답이 없는 곳이다.

이러한 곳에 왜 와서 수련을 하겠다고 하는 것인가? 가만히 앉아서 편안히 즐기며 먹고살아도 되는데 왜 이렇게 자신을 들볶는 험한 길을 택한 것인가?

인간은 근본적으로 불완전한 존재이다. 불완전한 존재라 함은 채우지 못한 공백부분을 지니고 있음을 말한다. 인간은 일부가 비어 있는 것이 아니라 대부분이 비어 있는 것이며 따라서 이 비어 있는 대부분을 무엇으로 채우는가에 따라 본래의 자신이 달라지는 것이다.

비어 있는 부분이 50%라면 이것을 채워본들 절반에 불과할 것이나 비어 있는 부분이 80%~90%에 달한다면 이 비어 있는 부분을 무엇으로 채우는가에 따라 완전히 다른 존재가 되는 것이다.

인간의 대부분을 구성하고 있는 이 "공백 부분을 무엇으로 채울 것인가"가 바로 수련의 핵심이라고 할 수 있다. 인간이 입은 수많은 혜택 중 가장 값진 하나는 바로 이 불완전성으로 인한 비어 있음이다.

이 부분이 전부 채워져 있다면 그 위에 무엇을 더 채워 넣는다는 것은 불가능하다. 허나 비워진 부분이 많아 이곳에 자신이 원하는 바를 채워 넣는다면 나머지 원래 존재하던 부분의 변화까지도 가능한 것이다.

마음을 비운다 함은 원래 존재하던 부분의 업을 비워내는 것이며, 나중에 수련으로 채워진 부분을 비우는 것이 아닌 것이다. 나중에 수련으로 채워진 부분은 계속 그대로 존재하는 것이며, 원래 존재하였던 부분을 덜어내는 것이니 이것이 바로 해업이며 운명의 변화를 이루어 선인이 되는 길인 것이다.

불완전성을 완전성으로 바꾸어 나가는 힘은 이러한 방법으로 자신을 채우고 채워진 것으로 본래의 자신을 변화시킴으로써 가능한 것이다. 이러한 일은 무엇보다 보람있는 길이며 인간으로서 더 이상 할 만한 일이 없다고 할 수 있다.

수많은 선현들이 도(道)의 길에서 자신을 불태웠음에도 도달하였다고 장담할 수 없는 목표를 향해 걸어가는 쉽지 않은 길인 것이다. 그만큼 힘든 일이며, 그만큼 보람있는 길인 것이다.

수선재는 그러한 방법에 있어 가장 지름길을 알려주는 곳이며 하늘이 되는 방법을 전수해 주는 곳이다.

사람의 몸 중에서도 정작 일을 하는 곳은 손발이며 수선재의 손발은 바로 지부인 것이니 지부의 일을 한다함은 곧 본체의 일을 하는 것보다 더욱 값진 일이 되는 것이다.

3

선계수련의 볼텍스를 찾아서 – 해외행련

미국 동부의 볼텍스

미국의 볼텍스를 관장하는 지신을 청한다. 지신의 모습은 어느 나라를 불문하고 유사한 점이 있다. 190정도의 훤출한 키에 원피스처럼 통으로 된 흰옷을 입었다. 혼자서 걸어와 인사한다. 미국신이라 키가 크기는 하다. 선계 0등급인 아0 선인으로 이목구비가 아담하면서도 시원시원하다.

- 앞으로 많은 기운지원이 필요할 것 같은데 혹시 방법이 있을 런지요?

수선재의 수련은 천기수련이므로 지기가 너무 강한 것은 도움이 안 될 수도 있습니다. ㅇㅇㅇ 같은 경우 다양한 체험이 가능하나 이러한 것은 기운의 차이에서 오는 것이지 진정한 수련으로 인한 결과가 아니기 때문에 진화에는 별 도움이 되지 않을 것입니다.

물이 흘러내려가는 곳에 떠 있으면 저절로 흘러내려가는 것과 수영을 해서 이동하는 것이 다르듯 ㅇㅇㅇ의 기운으로 다양한 초능력현상이라고 생각되는 경험을 할 수는 있습니다. 하지만 그러한 경험이 진화에 필요한 깨달음으로 이어지는 것은 아닙니다.

기운은 인간의 삶에 다양한 영향을 미칩니다. 부정적인 영향을 미치는 경우가 절반, 긍정적인 영향을 미치는 경우가 절반입니다. 수련생들은 그 중에서 긍정적인 영향을 받는 쪽으로 기운을 이용하여야 하며, 이 기운을 깨달음으로 승화시킬 수 있어야 합니다. 실제로 영적인 진화가 가능한 기운을 받는다는 것은 쉽지 않습니다.

OOO의 기운은 육신의 색다른 느낌이나 질병이 호전되는 듯한 느낌 등 어떠한 변화를 가져오는 것은 가능하나 진화의 방향으로 움직이기는 쉽지 않습니다. 다양한 지강기들의 모임은 그 색으로도 증명되는 것입니다. 땅은 땅의 색깔, 즉 바위나 흙의 색깔을 가지고 있어야 하는바 땅이 땅의 색을 가지고 있지 않다는 것은 무엇인가 색다른 기운이 있음을 말하는 것입니다.

이러한 기운으로 진화를 한다는 것은 상당히 어려우며, 진화란 정상적인 경로를 통하여 정상적인 기운으로 정상적인 발전을 하는 것이므로 정상적인 지형에서 정상적인 방법으로 가야 하는 것입니다.

그러한 면에서 한국의 자연은 진화를 추구하기에 가장 적합한 바 있습니다. 인간친화적인 산하와 나무와 풀은 자연의 기운을 가장 많이 내재한 것이기 때문입니다. 그래서 행련으로 이러한 기운을 가져오고자 하는 것이지요.

미국의 기운은 한국의 기운과는 많이 다릅니다. 우선 강기위주이고 거친 기운으로 구성되어 있어 한국인의 진화에는 다소 적합지 않은 기운들이 많이 있습니다. 이러한 특성에 힘입어 미국인들은 강력한 힘을 구사하고 있으나 물질적인 진화에 주력하고 있는 편입니다.

제가 전에 권해드렸던 미국 0부의 볼텍스는 수선재의 회원들이 수련을 함에 있어 가장 필요한 온유한 기운으로서 미국의 주요 기맥에서 옆으로 흐르는 지맥입니다. 나중에 미국의 주류가 되는 맥을 접수할 수 있는 단계가 되면 자연스레 받아들일 수 있도록 사전 준비를 하는 기운이 흐르는 맥입니다.

강물이 그냥 흐르면 상당량이 흐르면서도 아무런 소용이 없으나 물레방아를 돌려 도정을 하는 것은 작은 도랑으로 흐르는 적은 량으로도 가능한 것과 같이 기운 역시 과도하게 세거나 약하면 아무런 소용이 없는 것이며 인간의 진화에 가장 적당한 정도여야 하는 것입니다.

그러한 면에서 00의 기운은 미국을 횡단하는 지강기의 맥이 적당히 약화된 기운으로서 현재의 수련생들이 수련을 하면서 받아들이기에 가장 적당한 정도인 것입니다.

- 00의 어느 곳이 적당한지요? 넓은 지역이라서요...

나무의 경우 뿌리에서 올라오는 기운이 열매를 맺는 곳은 가지 끝이듯이 대기운의 맥이 흐르는 곳은 큰 강의 한가운데와 같아 사실상 별 도움이 안 되며, 그 기운을 이용하여 열매를 맺을 수 있는 가지의 끝과 같은 장소가 필요한 것입니다.

00에서 동남방으로 보면 산이 있는데 이 산의 나지막한 능선 중에서 편안한 장소를 선정하면 됩니다. 이곳은 미국을 타고 흐르는 U자형의 기운에서 뿜어져 나오는 기운이 적당히 약화되어 스며 나오는 곳입니다. 이곳에 나무가 울창하게 우거진 골짜기가 있는데 이곳에서 온화한 기운이 모여 있는 장소를 선정하면 됩니다.

00과 유사한 기운이 있는 곳이 또 한 곳 있으며 다음의 장소입니다. 이런 자리는 현지에 임장하여 수련을 해보면 알 수 있습니다.

* 위치는 생략합니다.

- 그렇군요.

이번에 선생님께서 한번 다녀오시고 나면 미국지부 수련생들의 기운이 편안해질 것입니다. 그 이후에는 그냥 받아들이면 됩니다.

- 감사합니다.

물질문명의 나라, 미국

미국을 떠올리자 안개 같은 원형 백광(훌라후프 같으면서 직경 30-50cm 정도 됨)이 하늘에서 내려와 몸을 휘감아 올린다.

― 감사드립니다.

…… (아무 말씀이 없으시다)

― 미국에 가는 것에 대하여 여쭙고자 합니다.

무엇인가?

― 미국의 신들에게 인사를 하고 가야 할 것 같습니다. 이들의 협조를 구하고 싶습니다.

협조를 구하고자 하는 마음가짐으로도 이미 전달이 되었으나 개별적으로 하면 더 좋을 것이다.

- 어떻게 구하면 될 것인지요?

대상은 이미 확정되었으니 절차만 알면 될 것이다.

- 그것만으로 되겠는지요?

성의는 그만하면 충분하니 이것을 갖추는 형식이 필요할 것이다.

- 어떻게 갖추면 될 것인지요?

다른 것은 없다. 수선재의 성의를 이들이 알 수 있도록 하는 것이다.

- 미국의 경우 신들의 등급은 어떠한지요?

등급이 높지는 않다. 대부분 선계의 등급으로 본다면 0등급 이하이다. 허나 등급과 무관하게 기력(氣力)면에서는 상당한 역량을 가지고 있으니 이들의 힘을 무시하지 않는 것이 좋다.

선계에 대하여도 많이는 아는 바가 없다. 미국은 물질문명이 발달한 나라이나 물질이란 정신의 도구이다. 물질문명이 발달하였음은 이것을 지원하는 정신문명이 있음을 말해주는 것이니 이들에 대하여는 등급의 고하를 떠나 타인의 집에 들어가는 입장에서 예의를 갖추는 것이 도리라고 생각하면 된다.

이들에게 예의를 갖추는 방법은 상호간에 예의를 다하고 이 예의가 상대에게 알려질 수 있도록 하면 된다. 미국은 기독교 국가이기는 하나 인종만큼 다양한 종교로 구성되어 있으며 이들에 대하여 미국 본토의 신들도 수용하고 있는 실정이다.

허나 이들 본토 신들은 기독교를 수용하고 있는 것이 아닌 미국의 지기(地氣)를 수용하고 있으므로 기독교에 대한 예의는 아니라고 생각할 것.

이들이 수선재에 대하여 낯선 면은 많지는 않을 것이나 새로운 수련법을 접하는 입장에서 어느 정도 궁금한 점이 많을 것이다. 이러한 면에 대하여 이해를 시키는 것이 필요하다.

우선 그 동안 수선재에서 나온 책을 전부 가지고 갈 것. 이 책을 이들에게 한 권씩 전달하면 모든 것을 알 수 있을 것이다. 책의 내용은 파장으로 받아들이므로 그 뜻을 바로 알 수 있으나 이쪽의 성의를 보이는 면에서 영문으로 된 번역서를 프린트하여 함께 소지하도록 할 것.

전달 방법은 맨 앞에 이들에게 전달할 책을 가진 사람이 서서 이들의 구역으로 들어갈 때 전원이 마음속으로 예를 표하도록 할 것. 이 책은 추후 수선재의 행련단이 가지고 있다가 부근의 주도(州都) 도서관에 기증하면 가장 좋으나 방법이 마땅치 않으면 지부 설치 예정지(여러 곳)에 가까운 도서관에 기증하여 미국 본토의 유서 깊은 곳에 남겨두는 형식으로 할 것.

각각의 목적지를 갈 때마다 새로운 책을 가지고 가서 동일하게 하면 된다. 책을 가지고 가면서 해당 구역에 들어갈 때 마음속으로는 삼배를 하되 외부적으로는 간단히 목례를 하면 이들도 상호간에 예를 갖추어 대할 것이며 행련 도중 발생할 문제에 대하여 이들의 협조로 사전에 방비가 될 것이다.

미국에 도착하여 비행기에서 내릴 때 각 1질, 각 주에 들어갈 때 각 1질씩 준비하라. 미국의 경우 신들이 이러한 예의에 낯선 면이 있으나 동양의 방법에 대하여 모르는 것은 아니니 금방 받아들일 수 있을 것이다. 새로운 방문지를 갈 때마다 이러한 식으로 할 것.

주의할 점은 행련단 전원이 수선재의 대표가 아니라 선계의 제자임을 명심하고 항상 마음을 경건히 가지고 겸손한 자세로 행동할 것. 지부를 설치하는 문제에 대하여는 이들이 별로 거부감이 없을 것이다.

특히 본성에 직접 연결하여 선인이 되고자 하는 수선재의 수련내용을 알고 나면 이들도 진화의 욕구를 가지게 될 것이므로 더욱 협조적인 태도를 가지게 될 것이다.

이미 미국(OOO)에 안테나가 설치되어 있어 이들이 알고 있으나 금번 미국 행련으로 더욱 확실히 알게 될 것이므로 이 점에 대하여도 역시 지부를 설치하고 나서 선계의 뜻이 담겨 있는 수선재의 책으로 예의를 표시하면 된다.

선계의 우열을 떠나 겸손의 자세를 내세우는 수선인들은 각지의 신들과의 상호협력을 통하여 그 뜻을 펴야 하는 만큼 어느 신과도 우호적인 관계를 맺는다면 나중에는 이들이 모두 친 수선재파가 될 것이다.

앞의 방법만 행한다면 인간으로 인한 일은 있어도 하늘과 신계(神界)의 문제는 없을 것이므로 편안한 행련이 될 것이다.

- 감사합니다.

기운이 지원되는 상상은 자신이 가야할 길을 지름길로 안내해 줄 것이다. 기운이란 인간이 향유할 수 있는 가장 값어치 있는 우주의 실체이며 이 길을 통하여 선인이 될 수 있는 것이다.

호주의 다양한 신들과 교류함은 수선재의 앞날에 다양한 도움이 될 것이며, 그들에게 전수한 수선재만의 고도의 수련법은 지구의 진화를 앞당겨 이 지구에서 수련중인 각 수련생들이 자신도 모르게 수련이 되는 경우를 경험할 수 있을 것이다.

자동차 위에서 뛰면 자동차의 속도에 자신이 뛰는 속도가 더하여 지는 것과 같은 이치이니 지구의 진화를 위한 노력은 곧 자신의 진화를 위한 노력인 까닭이다. 금번 행련의 성공을 축하한다.

신계(神界)의 보고, 앙코르와트

앙코르와트는 지구에 존재하는 무궁한 신계(神界: 신들의 세계, 즉 우주와 속계를 연결하는 다리)의 보고 중 가장 많은 잠재력을 가지고 있는 곳 중의 하나이다.

이곳에서 문선생은 현재까지 수련으로 쌓아온 많은 것들을 정리할 기회를 가질 것이다. 일부러 무엇을 구하고자 애쓸 필요는 없으며 있는 그대로 마음을 풀어놓고 자연스럽게 받아들이도록 하라.

무엇을 구하고자 함은 그 자체로서 부담이 되는 것이며 부담은 스스로 한계를 짓는 일이니 모든 것에서 벗어나 있는 그대로의 앙코르와트를 볼 수 있도록 할 것.

현재 그곳에 존재하는 신들의 영역을 들여다보려는 시도도 하지 말고 있는 그대로의 모습을 보는 것이 바로 신들의 뜻을 받아들이는 것임을 알 것. 풀 한포기, 나무 한그루, 조각 한점, 건물 하나하나가 바로 신들의 모습인 것이다.

지구상에 이러한 곳이 여러 곳이 있으나 그 중의 한 곳이 바로 앙코르와트이다. 문선생이 이 시점에 이곳을 방문하는 것은 우연이 아니며 이미 결정된 일이다.

앞으로 인간과 신의 징검다리 역할을 하면서 많은 배움의 근거를 이곳에서 확인할 수 있을 것이다. 지금도 수천의 중소 신들이 이곳을 중심으로 활동하고 있으며, 이러한 신계의 활동은 앞으로도 계속될 것이다.

한국의 여러 곳(수선대, 단0산 등등)에서 일어나고 있는 다양한 활동과 이곳의 움직임은 다양한 경로를 통해 연결되어 있으며, 지구상의 모든 신들의 활동과도 연결되어 있다.

문선생이 여행하는 도중 이곳의 많은 신들이 주변을 평온히 할 것이며 가급적 많은 것을 받아들일 수 있도록 노력할 것이다. 많은 것을 습득할 수 있는 방법이 바로 아무 것도 받아들이려 인위적인 노력을 하지 않는 길임을 알 것.

우주의 기운이 지상에서 신의 힘을 빌려 기운으로 흐르는 맥 중의 하나가 돌출하는 곳 중의 한 곳이 바로 이곳이며, 이 기운의 실체를 볼 수 있을 것이다.

이 기운은 모든 물체의 형태로 존재하는 것이니 물체의 배치와 존재형식을 중점적으로 볼 것. 쉴 때는 가급적 온 몸의 모든 혈을 열고 아무 곳도 힘이 들어가지 않도록 relax한 상태로 휴식을 취할 것.

쉬는 것이 또 다른 수련방법임을 알 수 있을 것이다. 그러나 이러한 생각조차도 비우고 모든 것을 바라보고 느낄 수 있도록 할 것.

인간의 영역과 신의 영역을 함께 느껴보는 것은 수련의 완성에 대한 확신을 가짐에 있어 필요한 일 중의 하나이니 앞으로 이러한 공부를 많이 할 수 있도록 할 것. 좋은 경험이 될 것이다.

선인의 길을 감에 도움이 되는 행련지

반드시 필요한 절차이다. 언젠가는 치러야 할 과정이며 언젠가는 가보아야 할 곳이다. 선배 선인 및 준 선인이 뜻을 편 곳은 수련생으로는 한번 가보아야 할 곳이며, 이스라엘은 그 중의 한곳이다.

우리가 알고 있는 많은 선인들이 있고 많은 장소가 있으나 그 중에서도 가보아야 할 곳은 신화속의 장소들이다. 신화란 신들의 이야기이자 신과 인간의 이야기이므로 이러한 내용을 안다는 것은 곧 신(하늘, 우주)이 되려는 인간들이 해야 할 공부를 알려주는 것이다.

파장을 알지 못한 상태에서는 얻을 것이 없으나 파장을 안 이후에는 모든 것을 배울 수 있는 것이다. 아무리 지난 일이라도 파장을 통하여 습득이 되는 것이며, 파장을 통한 습득은 시공을 초월하여 수련생의 앞에 펼쳐지는 것이니 그간의 모든 의문을 풀 수 있는 것이다.

문선생의 경우 선계의 입장으로서도 이미 수련이 상당한 경지에 이르렀으니 단지 아무런 생각을 하지 않는 것만으로도 많은 것을 배울 수 있을 것이다.

이러한 배움은 앞으로 하늘의 길을 가는 많은 수련생들에게 보다 넓은 길을 알려 줄 수 있을 것이며, 수련의 길에 들지 않은 많은 사람들에게도 하늘의 길을 알려줄 수 있을 것이다.

하늘의 길은 안다고 되는 것이 아니며, 노력한다고 되는 것이 아니다. 아무나 갈 수 없는 길이며, 아무나 가서도 안 되는 길이다. 천종만이 선택된 길을 갈 수 있는 것이며, 천종으로 태어남은 수생에 걸친 공덕으로서만이 가능한 것이다.

모든 인간들이 외양은 유사하나 사실상 등급이 있는 것은 본인이 노력한 결과이며 그 노력의 결과에 대하여 정확한 판단을 하는 것은 하늘의 일이다. 하늘은 틀림이 있는 것 같아도 매사가 틀림이 없으며 인간의 척도로 측량이 불가한 모든 것이 가능한 것이다.

금번 문선생의 이스라엘 행련은 많은 동참하지 못한 수련생들에게 하늘(하늘2[3])의 기운을 전해줌으로써 이들이 선인의 길을 감에 있어 직접적이고도 많은 도움이 될 것이다.

선생의 행련은 마음에서 모든 것을 놓음으로써 가장 많은 것을 배울 수 있도록 하는 것이니 갓난아이와 같은 상태에서 진행되는 것이다.

수행을 할 제자들이 없는 상태에서 선명 제자들을 비롯한 제자들은 선생의 행련이 무사히 완성될 수 있도록 매 수련 시마다 스승의 안위에 대하여 기원을 해야 할 것이다. 하늘이 돌보는 것과는 별개로 제자의 도리를

---

3) 하늘2 : 이 세상을 '우주(하늘1) – 하늘(하늘2) – 인간 – 미물'의 단계로 볼때 '하늘' 단계에 해당하는 하늘

다함은 또 하나의 수련이니 이러한 절차를 거침으로써 매사를 어떠한 마음가짐으로 치러야 할 것인가를 알 수 있을 것이다.

선생의 행련을 격려하며, 수련지도를 위한 노고를 치하한다. 성공적인 행련이 될 것이다.

* 지난 앙코르와트 행련에서는 두 가지를 얻었습니다.

첫째는 지상에서 가장 신을 사랑한 나라의 선조들과 교류한 것이고, 둘째는 아시아인들의 저력을 본 것입니다.

일본에서부터 중동을 거쳐 터키에 이르는 지점에 무한한 가능성이 있음을 확인하였습니다. 특히 앞으로 세계를 이끌 종족은 인도차이나(베트남, 라오스, 캄보디아)와 말레이시아, 태국, 인도, 중국, 터키, 인도네시아 등 아시아지역에 있음을 보았습니다.

지구의 5대 종교(불교, 천주교, 기독교, 마호메트교, 힌두교) 또한 모두 아시아에 기반을 두고 있더군요. 아시아를 더욱 가까이 하고자 합니다.

앙코르(캄보디아)는 전 세계에서 가장 아름답고 정성스러운 신전을 지니고 있는 나라였습니다. 신전으로 대표되는 그리스를 뛰어넘는 경지였습니다. 선계에서 왜 제게 앙코르와트를 보고 오기를 바라셨는지를 알았습니다.

섭씨 40도를 오르내리는 무더위 속에서 신전을 짓느라 온갖 정성을 다한 모습을 보기를 원하셨던 것이죠. 정글 지역에서 귀한 돌을 재료로 하여 조금 더 하늘에 닿고 하늘과 통하기 위하여 높이 쌓아올렸으며, 무더위 속에 공중에 매달려 돌에 온갖 조각을 하였더군요. 땀을 비 오듯 흘리며 그러한 신전을 구경하는 것도 고행인데 하물며 그 신전을 완성시킨 그들의 고행은 짐작도 하지 못하겠더군요.

혹자는 그러한 신전을 짓느라 국민을 동원시킨 왕들을 국민을 착취한 독재자라고 말하지만 하늘의 입장에서는 신전을 짓는 일같이 훌륭한 교화 방법은 없는 것입니다.

인생은 어차피 고행이므로 같은 고행이라도 그들의 것은 의미 있는 고행이었으며, 고행이자 예술이며 문화를 창조하는 일이었지요. 그들이 남긴 훌륭한 문화유산으로 인하여 그들 후손들이 오래도록 먹고 살 수 있는 것이고요.

비록 그들의 힌두 신들이 선계의 입장에서 보면 수준 높은 신들은 아닐지라도 그들이 신을 향하여 한마음으로 임했기에 천 년이 지난 오늘까지 그 자취가 남아 있는 것이겠지요.

그들은 신들로 대표되는 하늘에 정성을 다한 것이지만 결국은 자기 자신들에게 정성을 다한 공부를 한 셈이지요. 정성이 하늘에 닿으면 그들 자신이 신이 되는 것이기 때문이지요. 신은 머리와 입으로 되는 것이 아니라 정성을 다한 몸으로 되는 것입니다.

신전 작업에 참여했던 앙코르의 민초들에게 한없는 존경과 축복을 보내고 왔습니다. 하늘을 향한 그들의 무지막지한 정성은 저도 엄두조차 내지 못하는 경지이더군요.

이번 이스라엘 행련에서도 많은 것을 느낄 것입니다. 벌써부터 기대가 됩니다. 수선인들과 함께 다녀오고 싶지만 고생길이므로 먼저 다녀오겠습니다. 건강하십시오.

행련은 무형의 진화

금번 문선생의 행련은 큰 성공이었다. 수선재의 천선과 같은 예수의 기운줄은 이미 나름의 세계를 형성하였다. 이 기운줄에 대한 근원지를 답사하고 연구한 것은 그 기운줄을 접수할 준비를 하는 과정에서 가장 중요한 일이다.

하늘기운을 익힌 인간들이 가장 목말라 하는 진리의 근원은 바로 우주이며 이 우주는 인간뿐 아니라 이 우주에 존재하는 모든 구성원들이 가장 찾아 헤매고 원하는 대상인 것이다.

바라보이는 것이 하늘이라고 해서 하늘이 끝이 아님을 수선재의 모든 식구들은 잘 알고 있다. 그러나 대다수의 인간들은 바라보이는 것이 끝이라고 생각하거나 그것마저도 인간의 힘으로는 불가능한 영역에 존재한다고 생각하고 있다.

허나 생각이란 그 자체가 바로 기적 변화의 시작으로서 인간 진화의 시발점이며, 인간존재의 이유를 설명해 주는 하늘이자 우주의 뜻이 始動(움직임의 시작)되는 것을 말해주는 것이다.

우주는 하늘의 뒤에서 하늘을 통하여 인간에게 메시지를 전달하는 것이며, 이 메시지를 전달하는 사람 중의 하나가 바로 예수이고 부처이며 마호메트이며 그 외에 다수의 성인들이었다.

인간은 외양으로는 동일한 것 같아도 내적으로 보면 우주의 일원인 성인으로부터 한낱 미물의 경지에 머물고 있는 경우도 있어 이것을 일컬어 천차만별이라고 하는 것이다.

수선재의 구성원들은 나름대로 우주의 진리를 갈구하는 천수체들로서 선생이 행련을 통하여 얻은 진리를 또 하나의 지침으로 삼아 자신의 길을 갈 수 있을 것이다.

당장은 아무런 얻은 바가 없는 것처럼 느껴지는 가운데 잘 돌아보면 많은 얻은 바가 있는 것이며, 그 얻은 것들이 앞으로 하늘과 우주의 뜻을 폄에 있어 강력한 교재 역할을 할 것이다.

금번의 행련은 제자들과 함께 하지 못한 선생의 단독 행련이었음에도 수많은 제자들의 성원과 기운의 지원으로 한결 행련의 의미와 등급이 향상되었다.

하늘의 뜻을 펴고자 하는 선생의 노력에 대하여 앞으로 이와 뜻을 함께 하고자 하는 수련생들은 우러나는 마음을 그대로 표현할 수 있도록 할 것.

작은 성의라도 마음에서 우러나오는 것은 바로 하늘의 의미를 대신하는 것이니 이러한 계기에 자신의 안에서 하늘을 찾을 수 있도록 해 볼 것.

금번 문선생의 행련으로 인해 수선재는 또 한 등급의 진화를 이루었다. 선생과 제자들이 일체가 되어 이루어내는 무형의 진화를 이룩함은 앞으로 유형적인 결과를 이루어 냄에 있어 많은 도움이 될 것이다.

문선생의 금번 행련을 치하하며 이에 동참한 많은 수련생들의 진화가 있을 것임을 믿어 의심치 않는다. 힘겨움을 무릅쓰고 행련을 마무리한 문선생과 이에 동참하여 많은 성원을 보낸 다수의 천수체들이 이룩한 성공적인 행련의 마무리를 축하한다.

* 돌아온 첫날 아침에 비가 내리는 군요. 이제부터는 비를 좋아해야 하겠습니다.

성서에 나오는 에덴동산은 이스라엘 일대를 말하는 것으로서 에덴동산은 젖과 꿀이 흐르는 비옥한 곳이 아니라 광야였다는 것을 확인하였습니다.

모세와 예수 등 많은 선지자들이 하늘과 통하는 장소로 광야를 택한 이유를 알았습니다. 아무 것도 없는 광야에서는 하늘을 바라보는 일 말고는 할 일이 없더군요. 헌데 그 광야에는 어떤 기운도 남아 있지 않았습니다. 사명을 다한 땅이라서 그런지 아니면 처음부터 그랬는지는 모르겠습니다만..

이슬람교, 기독교, 천주교, 유대교 모두 나름의 힘겨움을 안고 고통스럽게 존재하고 있음을 알게 되었습니다. 기득권과 함께 각자에 대한 비난과 도전이 만만치 않음을 그들 자신들이 너무나 잘 알고 있기 때문이지요.

행련 중에 얻은 많은 느낌들은 어떤 식으로든 책으로 풀어낼까 합니다. 행련 내내 수선인들의 마음을 느낄 수 있었습니다. 함께 해주셔서 고맙습니다.

O산 산신과의 대화

− O산은 어떤 산이며, O산의 기운을 받기 위해서는 어떤 수련법이 있는지요?

천하에 절경이 많이 있으니 대개 산과 물로 이루어져 있다. 여기에 해와 달, 바람과 구름이 더하여 자연을 이루는 것이니 이러한 명소들은 인간의 뜻이 아닌 하늘의 뜻에 의해 구성되어져 있다.

이 중에서 산의 위치는 그곳이 어디에 있는 것인가가 중요한 것이 아니라 누가 그 기운을 가져다 쓸 수 있는가가 중요한 것이다. 어떠한 문명의 이기도 사용하는 사람의 것이듯 자연 역시 사용하는 자의 것인 것이다.

이승에 존재하는 모든 유무형의 물질들은 우주의 필요에 의해 존재할 장소에 존재하는 것일 뿐 그 누구도 소유권을 주장할 수 없는 것이며, 필요에 의해 사용하면 되는 것이다.

누가 무엇을 사용할 것인가 하는 것은 사용자의 의지에 의해 결정되는바 O산 역시 그곳에 있어도 그 기운을 사용할 수 있는 사람은 주인과 다름없는 것이다.

지구에 존재하는 산이 여러 가지 형태가 있으되 해발고도가 높다고 하여 좋은 것이 아니며 다수의 사람들이 그 산의 존재를 즐기면서 기운을 받고 생활에 도움이 되는 산이 진정 인간에게 유익한 산인 것이다.

따라서 에베레스트 같은 고산은 인간에게 큰 도움이 되는 산이 아니며 해발고도 2000미터 내외 이하의 산들이 인간의 삶에 많은 영향을 미치는 산들인 것이다.

이러한 산은 다양한 곳에 소재하고 있는바 중국은 그 면적이 넓음에 따라 여러 산들이 존재하고 있다. 이들의 효용은 각기 다르며 장함과 부드러움, 크기와 예민함, 오행의 한 가지 기운을 가지고 있는가 여부와 그 기운의 움직임이 어떠한 가 등으로 인간의 생활에 영향을 주고 있다.

그 중에서 0산은 그 기운의 장함으로 인간에게 영향을 주고 있으며 이러한 기운이 다양한 경로를 통하여 인간 세상에 영향을 미친바 있다. 모든 약초가 다 기운이 다르듯 산도 그 기운이 각기 다르다.

0산은 강하고 견고한 기운으로 이루어져 있어 천천히 섭취하되 오래 간직할 수 있는 기운이니 한번 행련을 다녀오는 것만으로는 그 기운을 알 수 없을 것이다.

금번 0산 방문은 스승이 기운의 통로를 조절하여 받을 수 있도록 하여 줄 것이나 기운을 사용하는 것은 제자들의 역량에 달린 것이니 마음의 문을 어느 정도 열고 가는가에 따라 다르다.

O산에서 주로 배출되는 기운은 0의 기운이나 위치에 따라 오행의 기운이 각기 혼재하고 있으니 다양한 기운을 받을 수 있을 것이다. 스승의 지침을 받아 기운을 사용하도록 할 것.

(O산 산신과의 대화)

O산을 앞에 놓고 산신을 청하자 멀리 구름 위로 큰 봉우리 3개, 작은 봉우리 3개가 보이면서 그 앞에 큰 산신 1명과 중소 산신 5명, 소 봉우리 및 골짜기 담당 신들 수천 명이 뒤를 이어 도열하여 인사한다. 한 줄로 늘어서 있는데 그 끝이 보이지 않는다.

대표로 보이는 6~7명이 말발굽 모양(U자형)으로 둥그렇게 둘러 앉아 가부좌를 하고 양손을 무릎위에 놓은 채 앉고 나머지는 그 뒤로 서 있다. 일부는 둥그렇게 앉은 주변에 둘러 서 있으나 미처 그 자리에 당도하지 않은 신들은 멀리에 그대로 서 있다.

전혀 이상하지도 급하지도 않은 모습이 원래 이러한 행사는 이렇게 치러 온 것처럼 보인다. 우측에 있던 산신이 나오더니 U자의 열린 방향으로 나를 인도한다.

들어가자 U자 모양이 둥그렇게 연결되며 O자가 된다. 사람들이 앉아 있는 모양이 원이 되면서 기운이 돌기 시작한다. 아주 맑고 서늘한 기운이다.

- 공부에 대하여는 얼마나 관심을 가지고 계셨는지요?

수천 년 간 관심을 가지고 있었으나 인연이 되지 않아 지금껏 이렇게 생활하고 있었사옵니다.

- 지금부터라도 공부를 하시면 좋은 일이 생길 것입니다. 인연이 되셨으니 공부를 한번 해보시지요.

선생님께서 허락해 주신다면 그리 해보도록 하겠습니다.

- 헌데 질문이 하나 있습니다.

말씀해 보시옵소서.

- 호주의 기운을 잘 받아들여 간직하려면 어떠한 방법으로 수련을 하면 도움이 될런지요?

인간의 능력 중에서 가장 진귀한 능력이 상상을 하는 능력입니다. 상상력은 인간 진화의 원동력이기도 하구요. 이 상상력을 잘 활용하신다면 많은 소득을 올리실 수 있을 것이옵니다. 호주에서는 호주의 수련법이 있으니 한번 사용해 보심이 어떨까 합니다.

- 알려주시면 그리 해 보도록 하겠습니다.

저희들은 실용적인 수련에 익숙해서 모든 것의 결과가 자신의 것이 되지 않는다는 생각을 하지 않습니다. 그리고 자신이 스스로 익히는 것 이외에 남의 도움을 바라지도 않습니다.

다음은 이러한 수련으로 얻은 결과를 함께 수련하는 동료(도반)들과 나누는 것이옵니다. 수련으로 아무리 좋은 결과를 얻어도 이를 나누지 못한다면 그것이 홀로 가두어져 널리 소용이 되지 못합니다. 널리 펴는 것은 저희들이 잘 하는 것 중의 하나입니다.

호주는 천기를 알지는 못하나 지기에 대하여는 상당한 경지의 수련을 하여 왔습니다. 지기수련을 충분히 하지 않았다면 천기수련을 알려주신다고 해도 할 수 없을 것이옵니다.

이번 선생님의 방문은 저희들의 수련정도를 측정해 볼 수 있는 절호의 기회입니다. 선생님을 뵈었으니 저희들도 이번 기회에 수련을 하도록 하겠습니다.

- 그리하시지요. 상호간에 많은 도움이 되었으면 좋겠습니다.

좋은 결과를 얻을 수 있도록 저희들도 선생님께서 계시는 동안에 많이 노력하도록 하겠습니다.

- 조만간 만나도록 하시지요.

정성을 다하여 기다리고 있겠습니다.

- 감사합니다.

인사 후 총총히 사라진다.

* 분위기가 좋은 편입니다. 선인이 아닌 경우 천기를 알지 못하여 천기에 대하여 매번 호의적인 입장만은 아닙니다.

중국 0산 행렬의 경우 처음에는 반기었으나 나중에는 수선재에 대하여 커다란 두려움을 느꼈던 적이 있음을 상기하시면 됩니다. 오랜 세월 그 곳을 지켜오신 분들의 기득권이라고 생각하면 되며 자신들이 알지 못하는 세계에 대하여 선뜻 마음을 열기가 쉽지만은 않기 때문입니다.

이런 경우 선계는 순리를 따르며 때를 기다리는 편이어서 선계를 알리고 나서 그들이 스스로 마음을 열고 다가올 때가 되기 전에는 강압적으로 일을 처리하시지는 않습니다. 이번 행렬에서 수선재 회원들의 행동여하에 따라 이분들이 나름의 판단을 할 것으로 보입니다.

선계에서 하늘의 뜻을 펴고자 할 때는 우선적으로 보이지 않는 세계에 계신 분들을 대상으로 선계가 있음을 알립니다. 그런 다음 살아 있는 인간 세상을 향하여 하늘의 뜻을 전합니다.

선인이 아닌 경우에는 대단한 능력을 가진 신이라고 해서 모두 선계가 있음을 아는 것은 아니기 때문이며 또한 이분들의 도움이 없이는 인간 세상에서 어떠한 일도 할 수 없기 때문입니다.

제가 매 번 준비되지 않은 나라에 많은 분들을 이끌고 행련을 할 수는 없는 일이어서 사전에 이곳저곳을 둘러보는 여행을 하고 있는 것도 이 같은 이유에서입니다.

이분들과 이같이 교류를 트고는 있으나 호주는 지기가 매우 강력한 곳이어서 선계가 뜻을 펴는데 그렇게 만만한 곳은 아니라는 생각이 드는 군요.

그러나 최선을 다하여 임한다면 선인이 배출된 경험이 전혀 없는 호주도 머지 않아 천기를 아는 나라가 될 것입니다.

호주 지역 신들과의 대화 3 – 호주 OO

3. 호주 OO

OO을 향하여 인사하자 가죽에 금속이 박힌 머리띠를 두른 기인(氣人)이 한 분 나타난다.

- 수선재의 문화영입니다.

어서 오십시오. 말씀 많이 들었습니다. 호주에 오신 것을 경하드리옵니다.

- 반가이 맞아주시니 감사합니다.

이곳은 아직 무주공산이옵니다. 선생님께서 오셔서 지도를 해주신 다니 저희는 오직 반가울 따름입니다.

- 그렇게 생각하시는지요?

예. 저희들은 아직 스승을 만나지 못하여 기 수련을 제대로 받지 못하고 있었습니다.

- 호주의 기운이 상당한 것으로 알고 있습니다.

00에서 들으셨겠습니다만 저희들은 아직 천기에 대하여는 무지하옵니다. 선생님께서 오실 때 저희들의 눈을 뜰 수 있도록 하여 주시옵소서.

- 저도 아직 무엇을 안다고 할 수 있는 수준이 아니라고 생각하고 있습니다.

그렇지 않습니다. 00가 느낀 바로는 선생님의 기운은 저희들의 기운과는 전혀 다른 기운임을 느꼈다고 하였습니다. 그것이 바로 천기가 아닌가 합니다.

- 기운이 다른 것은 맞는 것 같습니다. 저희들은 우주기운과 하늘기운 위주의 수련을 하고 있습니다.

바로 그것이 저희들이 배우고자 하는 것입니다. 금번에 돌아보니 저희들은 지기만 알았지 천기에 대하여는 모르고 있었던 것 아닌가 생각됩니다.

- 지기 역시 천기의 일부이며, 저희들도 취하고자 노력하는 기운입니다.

허나 천기를 대하고 보니 지기는 역시 천기의 일부임을 느끼게 되었습니다.

- 그렇기는 합니다.

그래서 금번 선생님께서 오실 때 저희들은 지기를 드리고 선생님의 천기 수련을 받을 수는 없겠는지요?

- 가능합니다만, 저도 아직 공부 중이고 일천하여 얼마나 도움이 되실런지 모르겠습니다.

선생님께서는 이미 우주의 일부가 되셨다고 알고 있습니다. 겸손하시어서 아직 공부 중이라고 하시나 그것이 전부가 아님을 알고 있습니다.

- 공부란 것이 원래 끝이 없는 것이니 인간의 몸으로 속에서 생활하면서 공부를 마무리한다는 것이 어려운 일인 것 같습니다.

하지만 선생님께서는 원래 천기를 타고 나셨으니 조만간 공부를 마무리 하실 분임을 저희들도 대강은 알고 있사옵니다.

- 겸손이 아니라 제가 원래 아는 것이 없으나 아는 것까지는 알려드리고 가고자 합니다. 하니 저희 수련생들에게 지기를 보충할 수 있도록 하여 주셨으면 합니다.

저희들의 기운이야 얼마든지 가져가실 수 있는 대로 가져가시도록 하시옵소서. 하지만 천기를 아시는 분들이라서 많은 도움이 되실런지 모르겠습니다.

- 도움이 많이 될 것입니다.

그러하시다면 너무나 다행입니다.

- 호주의 기운이 수련생들에게 많은 도움이 될 것입니다. 저도 도움을 드릴 수 있는 대로 드리도록 하지요. 제가 읽은 하늘의 기운을 기록한 책들이 있습니다. 그 책을 드리도록 하지요.

그렇게 해주시면 천은을 입은 것으로 알겠습니다.

- 서로 도울 수 있다면 상호간에 많은 도움이 될 것입니다.

감사합니다. 오시는 대로 뵙겠습니다.

- 책은 근처의 도서관에 기증하도록 할 것이니 보시도록 해 보십시오.

이 은혜는 잊지 않을 것입니다. 마음껏 누리다가 가시도록 하시옵소서.

- 고맙습니다.

그럼 얼마 후 뵙겠습니다.

―안녕히 계십시오.

기다리겠습니다.

고마움이 역력한 기색으로 인사하고는 사라진다.

행련 지역 신들과의 대화 4 - 호주 시드니

4. 시드니

시드니의 신을 청하자 바다에서 한 분이 나오신다. 평소 물속에서 생활하는 분인 것 같다. 우리 전설 속의 용왕을 상상하면 되나 복장이나 턱수염 등의 모습으로 미루어 보아 왕 정도의 격을 갖춘 것으로 보이지는 않고 상급 실무자로서 직접 업무를 처리하는 분인 것 같다.

- 수선재의 문화영입니다.

"왕0"이라 하옵니다. 말씀 많이 들었습니다. 호주의 기인들이 많이 반가워하고 있다고 들었습니다.

- 어떤 일을 하시는 분이신지요?

저는 육지의 일부와 바다 속의 기운을 관장하고 있습니다. 바다 속은 육지의 연속으로서 다만 물이 차 있음이 다릅니다. 물이 차 있다 함은 수기

(水氣)가 지기를 덮고 있어 지기가 잘 분출되지 않는 경우가 있으며, 이러한 경우 물의 깊이가 깊지 않은 경우에는 기운이 수면 위로 오르기도 하나 대부분 물에 녹아 있으므로 물에 지기가 포함되어 있습니다.

※ 지구의 일부로서 존재하는 지신 중의 한 분으로서 해기(海氣)까지 담당하는 분이다. 용왕은 바닷물을 관장함이 거의 대부분이며 자신은 직접 일을 하지 않으나 이 분은 바닷물 보다 바다 속의 육지를 관장하는 것으로 보이며, 지신 중에서는 신분이 상당히 높은 것 같은데 직접 업무를 처리하고 있다.

업무관장 비율은 해저의 지기가 83%, 바닷물이 17% 정도로 보인다. 복장으로 보아 용왕아래의 직급인 줄 알았는데 실은 용왕 보다 우위의 신이시다.

- 그러면 지기를 해수에서 취할 수도 있는지요?

가능합니다. 허나 해수에 녹아 있는 지기이므로 취하는 방법이 다를 수 있습니다.

- 어떠한 방법으로 취할 수 있는지요?

우선 바닷물은 염분이 있어 기존의 방법에 약간의 방법을 추가하면 가능합니다. 수기 중에서도 대양에서 나오는 수기이므로 양적으로 풍부하고 질적으로 우수하여 사용함에 아무런 지장이 없습니다.

― 저희 수련생들이 사용하여도 될런지요?

그렇다마다 입니다. 사용하실 수 있는 대로 사용하셔도 될 것입니다.

― 금번 수선재의 수련생들이 호주에 와서 시드니에서 천제를 지냄은 물론 "선문화전"을 개최할 예정입니다.

이미 들어서 알고 있는 사항입니다만 단순한 행런이 아니고 그렇게 큰 행사를 호주에서 그것도 시드니에서 개최하신 다니 송구할 뿐입니다.

― 시드니에는 수선재의 지부가 있는데다가 많은 사람들이 보고 싶어하는 아름다운 곳이어서 이곳을 택하여 한번 와보고자 한 것입니다. 저희 수련생들에게 기적으로 많은 도움을 주셨으면 합니다.

그렇다마다 입니다. 기운이라면 얼마든지 쓰셔도 됩니다만 저희들의 기운이 수기가 많아 도움이 되실런지요?

― 어찌 도움이 되지 않겠습니까?

청이 하나 있습니다.

― 말씀해 보시지요.

선문화전이나 천제에 저희들도 참석이 가능할런지요?

− 가능합니다. 얼마든지 참석하시지요.

저희들이 몇 명이나 참석할 수 있는지요?

− 기적으로는 수만 명도 참석이 가능할 만큼 방석을 깔아 놓겠습니다. 얼마나 참석하실 것인지요?

아마 직접 참석은 저를 포함하여 300여명 될 것 같으며, 관람이 가능하다면 2천에서 3천 명 정도 되지 않을까 합니다. 관람자는 기운으로 장벽만 치지 않으신다면 저희들이 알아서 하겠습니다.

− 그렇게 하는 것은 전혀 어렵지 않습니다. 헌데 그렇게 많은 분들이 계시는지요?

저와 함께 시드니 부근에서 기적인 일에 종사하는 기인들과 기적 생물체들만 수만 명은 되옵니다. 기적인 진화 상태를 1등급에서 10등급까지 구분한다면 기인이라고 하는 단계는 1단계에서 3단계 정도의 수준이며, 그 아래로는 영장류의 지능 이하의 기적 생물체들입니다.

− 그렇군요.

기적인 생물체들에게도 진화의 혜택을 주실 수 있으신지요?

– 그렇습니다. 그렇게 하겠습니다.

저희들이 행사 장소를 이미 알고 있습니다. 허락하시면 모두 그 곳에 집결하도록 하겠습니다. 시드니 전체의 기인들이 기뻐할 것입니다.

– 잘 알겠습니다.

선생님께서 필요하신 것은 저희들이 준비할 수 있는 한 해보도록 하겠습니다. 말씀해 주셨으면 합니다.

– 이 세상을 조화로이 이끌고 갈 수 있는 기운이 필요합니다.

저희들이 가지고 있는 것은 지기와 해기이며 선생님께서 가지고 계시는 것은 천기이니 이 모든 것들이 조화롭게 진화해 나갈 수 있도록 노력하겠습니다.

– 고맙습니다.

그럼 오실 때 뵙도록 하겠습니다.

– 안녕히 가십시오.

진화일정을 앞당기는 행련

수선재는 이제 지구의 절반 이상을 덮을 만큼 자체의 기운을 양성하였다. 다양한 행련과 선문화전으로 인한 기반조성은 앞으로 많은 면에서 수선재의 발전을 음으로, 양으로 지원할 것이며, 이러한 기운들이 모여서 크나큰 기운이 되어 수선재의 진화를 이룰 것이다.

진화란 우주의 목표이자 구성원들의 갈 길이다. 진화의 길은 멀고도 먼 길인 것 같으나 사실은 아주 가까이에 있어 나의 길이 될 수 있는 길이며 이 길을 찾아 들어 갈 수 있는 사람만이 진화를 이룰 수 있다.

금번 호주 행련은 수선재의 수련생들로서는 새로운 경험이었을 것이며, 이러한 경험이 쌓이고 쌓여 자신의 내부에 기운을 채워나가고 이 채워진 기운으로 진화의 일정을 앞당기는 것이다.

진화란 다양한 구성분자들이 각자 자신의 몫을 다할 때 이루어지는 것이며 이렇게 되기 위해서는 여러 가지 기운을 체내에 모아 축기를 하여야 한다.

우주란 지구에서 구할 수 있는 것을 모두 구하고 나서도 구할 수 없는 것들이 많이 모여서 이루어진 것이며, 따라서 지구의 모든 기운으로 축기하여도 부족한 기운이 있다.

이 부족한 기운은 정성으로 가득 찬 호흡으로서만이 보충할 수 있는 것이며, 이 부족한 기운을 채울 수 있는 방법이 바로 수련으로 자신의 몸과 마음을 이완시키고 이 이완된 부분에 우주기운을 받아들여 자신의 것으로 하는 것이다.

행련단과 함께 수련한 본국의 수련생들은 행련단이 현지에서 습득한 기운을 자신의 것으로 하여 함께 채울 수 있으며 이러한 기운들이 골수에 채워짐으로 인하여 자신도 모르게 단계가 상승되는 것이다.

수련의 단계란 보이는 결과로 향상되는 것과 보이지 않는 가운데 향상되는 두 가지로 구분되는바 보이지 않는 가운데 향상되는 것이야말로 진정 자신도 모르게 먼 길을 갈 수 있는 힘이 되는 것이며 축기한 기운이 고갈되었을 때 자신을 구해줄 수 있는 비상식량과도 같은 것이다.

기운이란 다양한 구성분자로 이루어져 있어 이 모든 기운의 종류들이 모여서 하나의 종합품을 만들어 내는 것인바 이것이 바로 수련의 결과이다. 다양한 기운의 축기는 진정 수련생을 진화의 길로 이끄는 원동력인 것이다.

최대한 즐겁게 자신의 상상력을 가능한 한도 내에서 동원하여 수련을 하도록 하라. 자신이 갈 수 있는 목표를 상상하면서 수련에 임하도록 하라.

기운이 지원되는 상상은 자신이 가야할 길을 지름길로 안내해 줄 것이다. 기운이란 인간이 향유할 수 있는 가장 값어치 있는 우주의 실체이며 이 길을 통하여 선인이 될 수 있는 것이다.

호주의 다양한 신들과 교류함은 수선재의 앞날에 다양한 도움이 될 것이며, 그들에게 전수한 수선재만의 고도의 수련법은 지구의 진화를 앞당겨 이 지구에서 수련중인 각 수련생들이 자신도 모르게 수련이 되는 경우를 경험할 수 있을 것이다.

자동차 위에서 뛰면 자동차의 속도에 자신이 뛰는 속도가 더하여 지는 것과 같은 이치이니 지구의 진화를 위한 노력은 곧 자신의 진화를 위한 노력인 까닭이다. 금번 행련의 성공을 축하한다.

신계(神界)의 보고, 앙코르와트

앙코르와트는 지구에 존재하는 무궁한 신계(神界: 신들의 세계, 즉 우주와 속계를 연결하는 다리)의 보고 중 가장 많은 잠재력을 가지고 있는 곳 중의 하나이다.

이곳에서 문선생은 현재까지 수련으로 쌓아온 많은 것들을 정리할 기회를 가질 것이다. 일부러 무엇을 구하고자 애쓸 필요는 없으며 있는 그대로 마음을 풀어놓고 자연스럽게 받아들이도록 하라.

무엇을 구하고자 함은 그 자체로서 부담이 되는 것이며 부담은 스스로 한계를 짓는 일이니 모든 것에서 벗어나 있는 그대로의 앙코르와트를 볼 수 있도록 할 것.

현재 그곳에 존재하는 신들의 영역을 들여다보려는 시도도 하지 말고 있는 그대로의 모습을 보는 것이 바로 신들의 뜻을 받아들이는 것임을 알 것. 풀 한포기, 나무 한그루, 조각 한점, 건물 하나하나가 바로 신들의 모습인 것이다.

지구상에 이러한 곳이 여러 곳이 있으나 그 중의 한 곳이 바로 앙코르와트이다. 문선생이 이 시점에 이곳을 방문하는 것은 우연이 아니며 이미 결정된 일이다.

앞으로 인간과 신의 징검다리 역할을 하면서 많은 배움의 근거를 이곳에서 확인할 수 있을 것이다. 지금도 수천의 중소 신들이 이곳을 중심으로 활동하고 있으며, 이러한 신계의 활동은 앞으로도 계속될 것이다.

한국의 여러 곳(수선대, 단0산 등등)에서 일어나고 있는 다양한 활동과 이곳의 움직임은 다양한 경로를 통해 연결되어 있으며, 지구상의 모든 신들의 활동과도 연결되어 있다.

문선생이 여행하는 도중 이곳의 많은 신들이 주변을 평온히 할 것이며 가급적 많은 것을 받아들일 수 있도록 노력할 것이다. 많은 것을 습득할 수 있는 방법이 바로 아무 것도 받아들이려 인위적인 노력을 하지 않는 길임을 알 것.

우주의 기운이 지상에서 신의 힘을 빌려 기운으로 흐르는 맥 중의 하나가 돌출하는 곳 중의 한 곳이 바로 이곳이며, 이 기운의 실체를 볼 수 있을 것이다.

이 기운은 모든 물체의 형태로 존재하는 것이니 물체의 배치와 존재형식을 중점적으로 볼 것. 쉴 때는 가급적 온 몸의 모든 혈을 열고 아무 곳도 힘이 들어가지 않도록 relax한 상태로 휴식을 취할 것.

쉬는 것이 또 다른 수련방법임을 알 수 있을 것이다. 그러나 이러한 생각조차도 비우고 모든 것을 바라보고 느낄 수 있도록 할 것.

인간의 영역과 신의 영역을 함께 느껴보는 것은 수련의 완성에 대한 확신을 가짐에 있어 필요한 일 중의 하나이니 앞으로 이러한 공부를 많이 할 수 있도록 할 것. 좋은 경험이 될 것이다.

선인의 길을 감에 도움이 되는 행련지

반드시 필요한 절차이다. 언젠가는 치러야 할 과정이며 언젠가는 가보아야 할 곳이다. 선배 선인 및 준 선인이 뜻을 편 곳은 수련생으로는 한번 가보아야 할 곳이며, 이스라엘은 그 중의 한곳이다.

우리가 알고 있는 많은 선인들이 있고 많은 장소가 있으나 그 중에서도 가보아야 할 곳은 신화속의 장소들이다. 신화란 신들의 이야기이자 신과 인간의 이야기이므로 이러한 내용을 안다는 것은 곧 신(하늘, 우주)이 되려는 인간들이 해야 할 공부를 알려주는 것이다.

파장을 알지 못한 상태에서는 얻을 것이 없으나 파장을 안 이후에는 모든 것을 배울 수 있는 것이다. 아무리 지난 일이라도 파장을 통하여 습득이 되는 것이며, 파장을 통한 습득은 시공을 초월하여 수련생의 앞에 펼쳐지는 것이니 그간의 모든 의문을 풀 수 있는 것이다.

문선생의 경우 선계의 입장으로서도 이미 수련이 상당한 경지에 이르렀으니 단지 아무런 생각을 하지 않는 것만으로도 많은 것을 배울 수 있을 것이다.

이러한 배움은 앞으로 하늘의 길을 가는 많은 수련생들에게 보다 넓은 길을 알려 줄 수 있을 것이며, 수련의 길에 들지 않은 많은 사람들에게도 하늘의 길을 알려줄 수 있을 것이다.

하늘의 길은 안다고 되는 것이 아니며, 노력한다고 되는 것이 아니다. 아무나 갈 수 없는 길이며, 아무나 가서도 안 되는 길이다. 천종만이 선택된 길을 갈 수 있는 것이며, 천종으로 태어남은 수생에 걸친 공덕으로서만이 가능한 것이다.

모든 인간들이 외양은 유사하나 사실상 등급이 있는 것은 본인이 노력한 결과이며 그 노력의 결과에 대하여 정확한 판단을 하는 것은 하늘의 일이다. 하늘은 틀림이 있는 것 같아도 매사가 틀림이 없으며 인간의 척도로 측량이 불가한 모든 것이 가능한 것이다.

금번 문선생의 이스라엘 행련은 많은 동참하지 못한 수련생들에게 하늘(하늘2[3])의 기운을 전해줌으로써 이들이 선인의 길을 감에 있어 직접적이고도 많은 도움이 될 것이다.

선생의 행련은 마음에서 모든 것을 놓음으로써 가장 많은 것을 배울 수 있도록 하는 것이니 갓난아이와 같은 상태에서 진행되는 것이다.

수행을 할 제자들이 없는 상태에서 선명 제자들을 비롯한 제자들은 선생의 행련이 무사히 완성될 수 있도록 매 수련 시마다 스승의 안위에 대하여 기원을 해야 할 것이다. 하늘이 돌보는 것과는 별개로 제자의 도리를

---

[3] 하늘2 : 이 세상을 '우주(하늘1) - 하늘(하늘2) - 인간 - 미물'의 단계로 볼때 '하늘' 단계에 해당하는 하늘

다함은 또 하나의 수련이니 이러한 절차를 거침으로써 매사를 어떠한 마음가짐으로 치러야 할 것인가를 알 수 있을 것이다.

선생의 행련을 격려하며, 수련지도를 위한 노고를 치하한다. 성공적인 행련이 될 것이다.

* 지난 앙코르와트 행련에서는 두 가지를 얻었습니다.

첫째는 지상에서 가장 신을 사랑한 나라의 선조들과 교류한 것이고, 둘째는 아시아인들의 저력을 본 것입니다.

일본에서부터 중동을 거쳐 터키에 이르는 지점에 무한한 가능성이 있음을 확인하였습니다. 특히 앞으로 세계를 이끌 종족은 인도차이나(베트남, 라오스, 캄보디아)와 말레이시아, 태국, 인도, 중국, 터키, 인도네시아 등 아시아지역에 있음을 보았습니다.

지구의 5대 종교(불교, 천주교, 기독교, 마호메트교, 힌두교) 또한 모두 아시아에 기반을 두고 있더군요. 아시아를 더욱 가까이 하고자 합니다.

앙코르(캄보디아)는 전 세계에서 가장 아름답고 정성스러운 신전을 지니고 있는 나라였습니다. 신전으로 대표되는 그리스를 뛰어넘는 경지였습니다. 선계에서 왜 제게 앙코르와트를 보고 오기를 바라셨는지를 알았습니다.

섭씨 40도를 오르내리는 무더위 속에서 신전을 짓느라 온갖 정성을 다한 모습을 보기를 원하셨던 것이죠. 정글 지역에서 귀한 돌을 재료로 하여 조금 더 하늘에 닿고 하늘과 통하기 위하여 높이 쌓아올렸으며, 무더위 속에 공중에 매달려 돌에 온갖 조각을 하였더군요. 땀을 비 오듯 흘리며 그러한 신전을 구경하는 것도 고행인데 하물며 그 신전을 완성시킨 그들의 고행은 짐작도 하지 못하겠더군요.

혹자는 그러한 신전을 짓느라 국민을 동원시킨 왕들을 국민을 착취한 독재자라고 말하지만 하늘의 입장에서는 신전을 짓는 일같이 훌륭한 교화 방법은 없는 것입니다.

인생은 어차피 고행이므로 같은 고행이라도 그들의 것은 의미 있는 고행이었으며, 고행이자 예술이며 문화를 창조하는 일이었지요. 그들이 남긴 훌륭한 문화유산으로 인하여 그들 후손들이 오래도록 먹고 살 수 있는 것이고요.

비록 그들의 힌두 신들이 선계의 입장에서 보면 수준 높은 신들은 아닐지라도 그들이 신을 향하여 한마음으로 임했기에 천 년이 지난 오늘까지 그 자취가 남아 있는 것이겠지요.

그들은 신들로 대표되는 하늘에 정성을 다한 것이지만 결국은 자기 자신들에게 정성을 다한 공부를 한 셈이지요. 정성이 하늘에 닿으면 그들 자신이 신이 되는 것이기 때문이지요. 신은 머리와 입으로 되는 것이 아니라 정성을 다한 몸으로 되는 것입니다.

신전 작업에 참여했던 앙코르의 민초들에게 한없는 존경과 축복을 보내고 왔습니다. 하늘을 향한 그들의 무지막지한 정성은 저도 엄두조차 내지 못하는 경지이더군요.

이번 이스라엘 행련에서도 많은 것을 느낄 것입니다. 벌써부터 기대가 됩니다. 수선인들과 함께 다녀오고 싶지만 고생길이므로 먼저 다녀오겠습니다. 건강하십시오.

행련은 무형의 진화

금번 문선생의 행련은 큰 성공이었다. 수선재의 천선과 같은 예수의 기운줄은 이미 나름의 세계를 형성하였다. 이 기운줄에 대한 근원지를 답사하고 연구한 것은 그 기운줄을 접수할 준비를 하는 과정에서 가장 중요한 일이다.

하늘기운을 익힌 인간들이 가장 목말라 하는 진리의 근원은 바로 우주이며 이 우주는 인간뿐 아니라 이 우주에 존재하는 모든 구성원들이 가장 찾아 헤매고 원하는 대상인 것이다.

바라보이는 것이 하늘이라고 해서 하늘이 끝이 아님을 수선재의 모든 식구들은 잘 알고 있다. 그러나 대다수의 인간들은 바라보이는 것이 끝이라고 생각하거나 그것마저도 인간의 힘으로는 불가능한 영역에 존재한다고 생각하고 있다.

허나 생각이란 그 자체가 바로 기적 변화의 시작으로서 인간 진화의 시발점이며, 인간존재의 이유를 설명해 주는 하늘이자 우주의 뜻이 始動(움직임의 시작)되는 것을 말해주는 것이다.

우주는 하늘의 뒤에서 하늘을 통하여 인간에게 메시지를 전달하는 것이며, 이 메시지를 전달하는 사람 중의 하나가 바로 예수이고 부처이며 마호메트이며 그 외에 다수의 성인들이었다.

인간은 외양으로는 동일한 것 같아도 내적으로 보면 우주의 일원인 성인으로부터 한낱 미물의 경지에 머물고 있는 경우도 있어 이것을 일컬어 천차만별이라고 하는 것이다.

수선재의 구성원들은 나름대로 우주의 진리를 갈구하는 천수체들로서 선생이 행련을 통하여 얻은 진리를 또 하나의 지침으로 삼아 자신의 길을 갈 수 있을 것이다.

당장은 아무런 얻은 바가 없는 것처럼 느껴지는 가운데 잘 돌아보면 많은 얻은 바가 있는 것이며, 그 얻은 것들이 앞으로 하늘과 우주의 뜻을 폄에 있어 강력한 교재 역할을 할 것이다.

금번의 행련은 제자들과 함께 하지 못한 선생의 단독 행련이었음에도 수많은 제자들의 성원과 기운의 지원으로 한결 행련의 의미와 등급이 향상되었다.

하늘의 뜻을 펴고자 하는 선생의 노력에 대하여 앞으로 이와 뜻을 함께 하고자 하는 수련생들은 우러나는 마음을 그대로 표현할 수 있도록 할 것.

작은 성의라도 마음에서 우러나오는 것은 바로 하늘의 의미를 대신하는 것이니 이러한 계기에 자신의 안에서 하늘을 찾을 수 있도록 해 볼 것.

금번 문선생의 행련으로 인해 수선재는 또 한 등급의 진화를 이루었다. 선생과 제자들이 일체가 되어 이루어내는 무형의 진화를 이룩함은 앞으로 유형적인 결과를 이루어 냄에 있어 많은 도움이 될 것이다.

문선생의 금번 행련을 치하하며 이에 동참한 많은 수련생들의 진화가 있을 것임을 믿어 의심치 않는다. 힘겨움을 무릅쓰고 행련을 마무리한 문선생과 이에 동참하여 많은 성원을 보낸 다수의 천수체들이 이룩한 성공적인 행련의 마무리를 축하한다.

* 돌아온 첫날 아침에 비가 내리는 군요. 이제부터는 비를 좋아해야 하겠습니다.

성서에 나오는 에덴동산은 이스라엘 일대를 말하는 것으로서 에덴동산은 젖과 꿀이 흐르는 비옥한 곳이 아니라 광야였다는 것을 확인하였습니다.

모세와 예수 등 많은 선지자들이 하늘과 통하는 장소로 광야를 택한 이유를 알았습니다. 아무 것도 없는 광야에서는 하늘을 바라보는 일 말고는 할 일이 없더군요. 헌데 그 광야에는 어떤 기운도 남아 있지 않았습니다. 사명을 다한 땅이라서 그런지 아니면 처음부터 그랬는지는 모르겠습니다만..

이슬람교, 기독교, 천주교, 유대교 모두 나름의 힘겨움을 안고 고통스럽게 존재하고 있음을 알게 되었습니다. 기득권과 함께 각자에 대한 비난과 도전이 만만치 않음을 그들 자신들이 너무나 잘 알고 있기 때문이지요.

행련 중에 얻은 많은 느낌들은 어떤 식으로든 책으로 풀어낼까 합니다. 행련 내내 수선인들의 마음을 느낄 수 있었습니다. 함께 해주셔서 고맙습니다.

O산 산신과의 대화

- O산은 어떤 산이며, O산의 기운을 받기 위해서는 어떤 수련법이 있는지요?

천하에 절경이 많이 있으니 대개 산과 물로 이루어져 있다. 여기에 해와 달, 바람과 구름이 더하여 자연을 이루는 것이니 이러한 명소들은 인간의 뜻이 아닌 하늘의 뜻에 의해 구성되어져 있다.

이 중에서 산의 위치는 그곳이 어디에 있는 것인가가 중요한 것이 아니라 누가 그 기운을 가져다 쓸 수 있는가가 중요한 것이다. 어떠한 문명의 이기도 사용하는 사람의 것이듯 자연 역시 사용하는 자의 것인 것이다.

이승에 존재하는 모든 유무형의 물질들은 우주의 필요에 의해 존재할 장소에 존재하는 것일 뿐 그 누구도 소유권을 주장할 수 없는 것이며, 필요에 의해 사용하면 되는 것이다.

누가 무엇을 사용할 것인가 하는 것은 사용자의 의지에 의해 결정되는바 O산 역시 그곳에 있어도 그 기운을 사용할 수 있는 사람은 주인과 다름없는 것이다.

지구에 존재하는 산이 여러 가지 형태가 있으되 해발고도가 높다고 하여 좋은 것이 아니며 다수의 사람들이 그 산의 존재를 즐기면서 기운을 받고 생활에 도움이 되는 산이 진정 인간에게 유익한 산인 것이다.

따라서 에베레스트 같은 고산은 인간에게 큰 도움이 되는 산이 아니며 해발고도 2000미터 내외 이하의 산들이 인간의 삶에 많은 영향을 미치는 산들인 것이다.

이러한 산은 다양한 곳에 소재하고 있는바 중국은 그 면적이 넓음에 따라 여러 산들이 존재하고 있다. 이들의 효용은 각기 다르며 장함과 부드러움, 크기와 예민함, 오행의 한 가지 기운을 가지고 있는가 여부와 그 기운의 움직임이 어떠한 가 등으로 인간의 생활에 영향을 주고 있다.

그 중에서 O산은 그 기운의 장함으로 인간에게 영향을 주고 있으며 이러한 기운이 다양한 경로를 통하여 인간 세상에 영향을 미친바 있다. 모든 약초가 다 기운이 다르듯 산도 그 기운이 각기 다르다.

O산은 강하고 견고한 기운으로 이루어져 있어 천천히 섭취하되 오래 간직할 수 있는 기운이니 한번 행련을 다녀오는 것만으로는 그 기운을 알 수 없을 것이다.

금번 O산 방문은 스승이 기운의 통로를 조절하여 받을 수 있도록 하여 줄 것이나 기운을 사용하는 것은 제자들의 역량에 달린 것이니 마음의 문을 어느 정도 열고 가는가에 따라 다르다.

O산에서 주로 배출되는 기운은 O의 기운이나 위치에 따라 오행의 기운이 각기 혼재하고 있으니 다양한 기운을 받을 수 있을 것이다. 스승의 지침을 받아 기운을 사용하도록 할 것.

(O산 산신과의 대화)

O산을 앞에 놓고 산신을 청하자 멀리 구름 위로 큰 봉우리 3개, 작은 봉우리 3개가 보이면서 그 앞에 큰 산신 1명과 중소 산신 5명, 소 봉우리 및 골짜기 담당 신들 수천 명이 뒤를 이어 도열하여 인사한다. 한 줄로 늘어서 있는데 그 끝이 보이지 않는다.

대표로 보이는 6~7명이 말발굽 모양(U자형)으로 둥그렇게 둘러 앉아 가부좌를 하고 양손을 무릎위에 놓은 채 앉고 나머지는 그 뒤로 서 있다. 일부는 둥그렇게 앉은 주변에 둘러 서 있으나 미처 그 자리에 당도하지 않은 신들은 멀리에 그대로 서 있다.

전혀 이상하지도 급하지도 않은 모습이 원래 이러한 행사는 이렇게 치러 온 것처럼 보인다. 우측에 있던 산신이 나오더니 U자의 열린 방향으로 나를 인도한다.

들어가자 U자 모양이 둥그렇게 연결되며 O자가 된다. 사람들이 앉아 있는 모양이 원이 되면서 기운이 돌기 시작한다. 아주 맑고 서늘한 기운이다.

― 고맙습니다. ○○이라고 합니다.

어서 오십시오. 너무 오랜만에 뵙습니다. 일○이라 합니다.

― 선배님이신가요?

아닙니다. 어찌 선배라고 할 수 있겠습니까? 까마득한 후학입니다.

― 그런가요? (자리에 편안히 앉는다)

금번 행련을 오신다고 하여 여러 산신들이 기다리고 있었습니다. 이렇게 왕림하여 주셔서 너무 반갑습니다.

― 저희가 감사드려야지요.

아닙니다. ○산은 그 기운을 이용하는 자가 사용할 수 있습니다. 어떠한 물건이든 자신의 주인이 따로 있는 것입니다만 저희 ○산은 하늘이 그 주인이므로 하늘과 인연이 있는 분이 사용하시는 것을 가장 기쁘게 생각하고 있습니다. 선생님께서 오신다고 하셔서 ○산의 모든 식구들이 반가워하고 있습니다.

― ○산은 수신재를 어찌 알고 있는지요?

수선재도 수선재이지만 선생님께서 하늘의 뜻을 펴시고 계신다는 것을 알고 있었으므로 선생님의 휘하 제자들은 모두 한 식구라고 생각하고 있습니다. (앞으로 수선재의 회원이 될 사람들까지를 포함하는 것 같은 느낌이다.)

- 고맙습니다.

금번 선생님의 0산 행련으로 저희도 많은 진화를 이룰 것 같습니다. 최근에는 선인들이 많이 계시지 않아 저희들도 나름대로 불편한 점이 많이 있었습니다. 선생님께서 저희들의 애로를 하늘에 좀 전해 주시기를 바라옵니다.

- 담당 선인께서는 계시지 않는가요?

계시지만 오시지 않으신지 오래 되셨습니다.

- 어찌 잘 오시지 않으신지요?

저희들이 나름대로 잘 하고 있으므로 그러하신 것 같습니다. 또 그간에는 오실 필요가 없으셨고요.. 허나 요즈음은 좀 힘이 듭니다.

- 어느 선인께서 담당하고 계신지요?

일0 선인이십니다.

- 일0 산신과는 어떠한 관계이신지요?

감히 저와 어찌 견줄 수 있겠습니까. 저는 지신 중에서 서열이 높을 뿐이옵니다. 일0 선인(0등급)께서는 0자를 사용하시나 저는 0자를 사용하고 있으며 전혀 다른 항렬입니다. 말씀 놓으시지요.

- 그럴 수 있나요. 어쨌든 감사드립니다. 금번 행련 단을 맞이하여 많은 도움 주시길 바랍니다.

편하신 대로 하시옵소서. 저희는 다 내어드릴 수 있사옵니다.

- 조만간 다녀가겠습니다. 잘 부탁드립니다. 올 때 다시 연락드리도록 하겠습니다.

저희들은 언제든지 사용하심에 불편이 없도록 준비하고 있을 것입니다. 언제든지 이용하시도록 하십시오.

- 일0 선인께 안부 부탁합니다.

그리하도록 하겠습니다.

(중국행련 기념 천서)

4

옛 성현들과의 만남

탄생에 대한 문의 - 예수님과의 대화1

제가 황진이 선인 다음 책으로 예수님에 대한 근본적인 오해를 풀기 위한 내용을 준비하고 있다는 것 아시죠? 오늘 아침부터 드디어 대화를 시작하였습니다. 여기 맛보기로 몇 가지 질문에 대한 예수님의 답변을 올려 드립니다.

– 인류역사상 가장 많이 팔린 책이 성경이며, 가장 영향력이 큰 인물 중에 예수님께서 단연 톱을 달리십니다.

특히 제가 살고 있는 한국에서도 5천년 역사를 통틀어 가장 빠른 시일 내에 가장 많은 사람들에게 가장 큰 영향력을 행사하고 계십니다. 그것도 외국인으로서 말이죠. 그 인기의 비결이 어디에 있다고 생각하시는지요?

인기라기보다는 영혼에의 접근입니다.

인간의 가장 취약점 중의 하나는 바로 영혼이라는 부분에 대하여 민감하다는 것입니다. 이 영혼은 육체와 함께 인간의 본체를 이루고 있는 둘 중의 하나이면서 보이지 않습니다.

하지만 사실상 인간을 지배하고 있는 것은 이 영혼입니다. 이 영혼을 가장 사실적인 주제로 가지고 있으면서 가장 현실적으로 접근하였습니다.

그러한 점이 많은 인간들을 가장 사로잡고 있는 것입니다. 이것은 또한 가장 인간적이면서도 가장 신의 영역에 가까운 부분을 말해주고 있습니다.

인간은 스스로 자신의 부족함을 알고 있으므로 신의 영역에 다가가기 위하여 많은 노력을 하고 있습니다. 이러한 노력 중에서 평범한 인간의 힘으로 가능한 영역에 대하여 논하였습니다. 그래서 인간의 감정에 충실하면서도 하늘의 도리를 논하도록 하였지요.

저의 가르침은 모든 인간들이 스스로 한계를 알고 이 한계를 인정하도록 하며, 그러한 가운데 진화의 기회를 갖고자 하도록 유도한다는데 있습니다. 이러한 점이 바로 인간들의 취약점을 자극하여 그러한 결과를 가져왔을 것입니다.

− 저와는 전생에 알고 지내던 사이이신지요? 일상 사형님과는 어떠신지요? 혹시 모르는 사이일지라도 인류의 진화를 위해 기꺼이 대화에 응해 주실 것인지요?

그렇습니다. 선생님과 저는 오랜 기간을 알고 지내던 사이지요. 다만 그동안 대화가 없었을 뿐입니다. 일상 선인님과도 역시 마찬가지지요.

대화를 나누는 것은 얼마든지 가능합니다. 서로 못할 것이 없지요. 초등학교 선생이라고 해서 대학교수와 대화가 안 되는 것은 아니지요.

제가 영적인 부분을 터치한다고 해서 그것 자체가 하늘의 가르침을 폄에 걸림돌이 된다고 생각지는 않아요. 얼마든지 가능합니다.

- 탄생에 대해 문의합니다. 왜 그 같은 방법으로 지상에 나오게 되셨는지요? 어머니는 마리아이시라지만, 아버지는 누구이신지요?

혹자의 추측에 의하면 우주인이라고도 하며, 혹은 친척의 부름을 받고 고향을 떠나 있을 때 누군가에 의해 임신이 되었다고도 합니다.

정령 부부 관계없이 탄생하신 분이신지요? 탄생에 대한 비밀을 문의합니다. 왜 또 마구간을 택하여 태어나셨는지요?

우주에서 양성간의 교합으로 인간이 탄생하는 것은 반드시 정해진 것은 아닙니다. 원리가 그렇다는 것이지 모든 우주의 생명체들이 그러한 방식으로 태어나는 것은 아니지요.

원래는 저도 인간의 몸을 받기 위해서는 인간의 방식으로 태어나야 하는 것이었으나 그렇게 태어나다 보면 우매한 대중을 사로잡음에 있어 부족함이 있지요.

그래서 탄생에 있어 신의 방법을 사용한 것입니다. 즉 [단 종 교배]의 방법으로 태어난 것이지요. 마리아는 처녀였던 것이 맞습니다. 아버지는 우주

본체입니다. 우주 본체는 어떠한 결과물도 만들어 낼 수 있지요. 정자의 역할을 하는 것은 너무도 쉬운 일입니다.

당시에 마구간은 지저분한 곳이 아니었습니다. 마구가 놓여 있던 곳으로서 마구와 말의 먹이인 풀이 있었던 곳이지요. 이 장소는 어머니인 마리아께서 택하신 곳으로 저는 관여치 않았던 곳이지요. 그러한 것은 저의 생각 밖에 있었던 부분입니다.

− 성경은 예수님 사후 700년 후에, 후세의 신학자들이 쓴 글이라고 하는데 얼마나 사실에 가까운지요?
몇 %가 사실이며, 몇 %가 허구이며, 전하고자 하신 내용에 몇 % 정도 근접해 있는지요? 성경의 내용에 만족하시는지요?

성경은 사실이 아닌 부분이 상당부분을 차지하고 있습니다. 이러한 이유는 사실대로 쓴다면 인간의 본심을 끌어낼 수 없기 때문입니다.

인간은 단순하고 우매한 부분이 있어서 어느 정도는 신격화하여야 자신의 감정을 숨기지 않고 드러내는 것입니다. 인간의 바닥감정이 드러나야 그 위에서 진화를 논할 수 있습니다.

인간의 사고는 복잡한 듯해도 단순해서 그 양자의 차이를 잘 알아야 컨트롤이 가능합니다. 인간의 생각을 컨트롤하는 것은 생각보다 복잡하기도 합니다.

그러한 것을 단순화하고 단순한 생각을 중심으로 인간들을 이끌어 나가기 위해서는 많은 노력을 해야 합니다. 그러한 면에서 저는 많은 인간들의 생각을 단순화하여 이끌고 가는 점에서 나름대로 성공했다고 할 수 있지요.

성경은 약 40%가 사실이 아닙니다. 하지만 그러한 내용 자체가 저의 의도였으므로 만족하고 있습니다.

진리를 펴는 방법 – 예수님과의 대화2

– 세례요한은 거처인 요단강가에 머물며 찾아오는 사람들만을 상대로 세례를 주었다고 했는데 예수님께서는 핍박받는 민중을 직접 찾아 나선 이유는 무엇이었는지요?

또한 어느 한 곳에 머물면서 세속의 명예, 재물을 다 버리고 청빈한 생활을 권하는 품위 있는 종파의 교주로 계실 수도 있었으나 맨몸으로 직접 민중을 찾아 나선 실천의 모습을 보여주셨기 때문에 예수님 사후 2000여 년간 예수님께서는 가장 많은 제자를 두신 것이 아닌가 생각됩니다. 어떻게 생각하시는지요?

지도자의 길이 말씀만으로는 쉬우나 행동으로 직접 보여주기는 무척 어렵기 때문이지요. 저도 이 문제 때문에 많이 갈등하고 있습니다. 맨몸으로 실천하기에는 기운이 너무 많이 빠졌기 때문이지요.

예수님의 혁명가적인 기질은 당시의 그 같은 사명 때문이었는지요. 아니면 화끈한 예술가적인 성격 때문이었는지요?

진리를 펴는 방법의 차이는 적성에 근거합니다. 앉아서 기다리는 사람이 있고 찾아나서는 사람이 있습니다. 저의 경우는 앉아서 기다리는 성격이 아니므로 찾아다닌 것입니다.

당시에도 부와 명예를 구해 안주할 수도 있었으나 저의 성격상 그러한 방식이 맞지 않으므로 저의 길을 갔던 것입니다. 부와 명예는 그것에 값어치를 부여하면 값이 나가는 것이지만 그렇지 않게 생각하면 별것 아닌 것입니다.

부와 명예보다 값어치 있는 것은 이 세상에 많이 존재합니다. 하지만 사람들을 가장 끌어당기는 것은 바로 부와 명예이지요. 이것과 동일한 정도의 마력이 있는 것이 권력이지요.

권력에는 두 가지가 있습니다. 세속의 권력과 하늘의 권력이지요. 권력은 세상을 살아가면서 무시할 수 없는 편리함이 있지요. 하지만 진정한 절대 권력과 절대 명예는 하늘을 바라보는 종교입니다.

하늘의 일을 하면 일을 할 만큼의 부도 따라오도록 되어 있지요. 종교는 그것이 추구하는 방향이 올바를 때 모든 것에 우선하는 절대적인 면이 있습니다.

인간들은 자신의 격이 낮을 때 세속의 가치를 추구하나 격이 높으면 하늘의 가치를 추구합니다. 격이 낮으면 보이는 것이 땅의 방향이므로 땅에 가까운 가치를 중히 여기나 격이 높으면 시야가 달라져서 세속의 가치로는 성에 차질 않지요.

따라서 하늘의 가치 즉 절대 진리인 우주의 진리를 구하게 되지요. 이러한 가치의 부여는 하늘이 기준을 정하는 바도 있으나 인간 스스로 자신의 눈높이에 맞는 기준을 가지게 되지요. 절대 진리는 변할 수 없는 것입니다. 세속의 가치는 절대가치 앞에서 항상 무릎을 꿇도록 되어 있습니다.

그러나 이러한 절대적인 진리를 펴는 것은 방법이지요. 많은 사람들이 공감할 수 있는 방법을 사용할 때 참으로 많은 사람들이 따르게 되지요.

저는 당시에 앉아서 펼 수도 있었으나 저의 적성에 맞는 방법으로 한 것입니다. 이러한 방법을 택한 이유 중 한 가지는 제가 가만히 앉아 있는 것을 싫어한다는 것이지요.

두 번째는 다니는 것만큼 공부가 되는 경우가 없다는 것이지요. 여행은 가장 많은 인생 공부를 하게 합니다. 저 역시 부족한 점이 많다보니 많은 것을 배워야 하는데 절대 진리는 한 곳에서 구할 수 있는 것이 아니라 천하의 여러 곳을 여행하면 저절로 발견할 수 있었습니다. 이러한 방법은 진리를 펴면서 또한 진리를 구하는 방법이기도 하였습니다.

선생님의 다양한 여행계획은 이러한 면에서 선생님의 하늘에 대한 정성의 길을 가심에 있어서나 수선재의 발전을 위해 상당히 좋은 방법이라고 생각됩니다.

– 예수님께서 당시 바라시던 기독교와 천주교의 종교적 성격은 무엇인지요? 사랑과 실천의 종교인지요? 차별이 없는 평등한 종교인지요? 거듭남의 종교인지요? 예수님 사상의 근본은 무엇인지요?

사랑이지요. 우주의 파장에서 가장 근본을 이루는 것은 사랑입니다. 사랑보다 값진 것이 없지요. 인간들은 사랑을 빙자하여 자신의 욕심을 채우려 하나 그러한 사랑이 아니라 진정 상대방을 위하는 사랑이 하늘의 사랑이지요.

인간들이 스스로 진화하는 가장 쉬운 방법은 바로 사랑입니다. 인간은 사랑으로서만이 진정 진화의 파장을 받을 수 있다고 생각하였지요.

사랑으로 세상을 보면 "하늘의 파장" 달리 말하면 인간의 상태로는 "어머니의 마음"과 같은 우주의 마음을 알게 되지요. 부활이나 평등은 사랑을 펴는 방법이시요.

– 수선재를 알고 계시는지요? 수선재의 가장 큰 맹점은 무엇이라고 생각하시는지요? 능력도 없는 사람이 사명을 맡고 밤잠을 못 이룰 정도로 고민만 잔뜩 하고 있습니다.

알고 있습니다. 수선재를 어찌 모르겠습니까. 수선재의 가장 큰 맹점이라기보다는 장점은 하늘의 진리를 바로 편다는 것이지요.

인간에게 맞는 방법으로 바꾸어서 펴는 것이 아니라 하늘의 진리를 바로 펴는 것이므로 보통 수준의 인간들이 알아듣기에는 어려울 수 있습니다. 이것을 보다 쉽게 펴는 방법을 연구해 보는 것이 좋을 것 같습니다. 쉬운 방법을 찾아보십시오.

보통의 인간들은 어려우면 잘 알아듣지 못하지요. 간혹 아주 엉뚱한 방향으로 나가기도 하니까요. 쉬운 방법, 즉 대중화의 길을 모색하는 것이 하늘의 길을 잘 펴고 그것으로 성공하는 길입니다.

우매한 대중들을 사로잡을 수 있어야 하늘의 뜻을 널리 펼 수 있지요. 저는 인간들이 하늘이 될 수 있다는 말을 하지 않았습니다. 저의 목표는 "하늘이 존재한다는 것을 알리고 하늘의 뜻에 맞추어 살아야 함을 가르치는 것"이었지요.

보통의 인간으로서는 하늘이 되고자 하는 목표 자체가 맞지 않는 경우가 많으므로 방법을 다소 변화시키는 것이 좋을 것 같습니다. "선인화의 길"과 "보통의 인간으로서 잘 살아가는 길"을 명확히 구분하여 지도하는 것이 나을 것 같습니다.

인도와 불교가 없었더라면 – 예수님과의 대화3

– 예수님의 생애를 시기 별로 말씀해 주십시오. 탄생 이후 언제 어디서 무엇을 어떻게 하셨는지에 대하여 알고자 합니다.

티베트에는 언제 어떻게 가셨으며 얼마간 생활하셨는지요? 당시 그 같은 여행이 가능했었는지요? 이스라엘 이외의 외국은 어느 곳을 여행하셨는지요? 그 밖의 노정에 대해서도 궁금합니다.

탄생 이후 제가 주로 자란 곳은 이스라엘입니다. 어렸을 때는 평범하게 생활하였으나 무엇인가 보이지 않는 세계에 대한 동경은 저를 다양한 경로를 거쳐 공부를 하게 만듭니다.

여러 사람들과의 토론, 다양한 여행을 통한 공부, 그리고 이 세상의 많은 사물과의 조우는 한 자리에서 얻을 수 있는 한계를 넘어 저의 폭을 넓혀 주었습니다.

10세 정도에 인근의 사람들과 대화를 통하여 많은 것을 알았으며 그 분들과의 대화를 통해서는 더 이상 얻을 것이 없자 밖의 세상이 궁금해 졌습니다.

15세 이후부터 각지를 돌아다니면서 공부를 하였습니다. 당시에 제게 가장 큰 영향을 주신 분은 성경에서 동방박사로 일컬어지는 세분들로서 이분들에 의해 공부의 방향을 알게 됩니다.

그 후 동쪽으로 가면서 세상 공부를 하던 중 인도에 까지 다다랐고 인도에서 많은 것을 얻게 됩니다. 당시에 인도는 많은 지혜의 발상지였고, 선배종교로서 불교가 이미 자리를 잡고 있던 곳이었습니다.

인도와 불교가 없었더라면 저의 사상이라고 할 수 있는 사랑도 없었을 것입니다. 인도에서의 공부는 저의 사랑에 대한 사상을 완성시키는 역할을 하게 됩니다

당시에는 티베트란 개념이 없었으며, 인도에서 다양한 공부를 한 후 어딘가를 계획 없이 여행하다 보니 고산지대에 도달하였으며 이곳이 바로 현재의 티베트였습니다. 아마 10대 후반이었던 것 같습니다.

티베트에서는 약 2년 정도 있었으며, 그 후에는 현재의 이라크 등 중동 지방을 다양하게 여행하였습니다. 여행수단 역시 걸어서 갈 형편이면 걸어서, 말을 탈 수 있으면 말을 타는 등 현지의 형편에 맞도록 하였습니다.

그 후 제가 깨달은 하늘의 진리를 이스라엘 지방에서 펴고자 하였으나 당시의 민중들이 받아들이기에는 무리인 부분이 많이 있었습니다.

폭넓은 여행과 공부를 한 저의 생각과 한 곳에서 살아가면서 목축에 길들은 주민들과의 사고의 폭은 좁히기 어려운 부분들이 많이 있었으며, 이것이 지배계층의 인물들과 갈등요인이 되기도 하였습니다.

이스라엘과 인도의 중간지역은 전부 여행을 하였습니다.

- 당시 이스라엘의 인구는 얼마였는지요?

예수님 자신이 메시아임을 10번 정도 암시적으로 표현하셨다고 보며 그 중 3번은 세례요한의 입을 빌려 말씀하신 것으로 아는데 예수님께서는 언제 누구로부터 당신이 메시아임을 아셨는지요?

메시아가 구세주라면 이스라엘의 구세주를 말하신 것인 지요 아니면 지구 전체의 구세주를 말하신 것인지요?

예수님을 내보내신 하늘은 어떤 하늘인지요?

당시 이스라엘의 인구는 수십만 정도였을 것입니다. 제가 메시아임을 스스로 말한 적은 없으며, 하늘이 메시아임을 이야기하였을 뿐입니다.

저이외의 다른 사람들, 특히 제자들이 제가 메시아임을 이야기하고 다녔으나 제가 직접 말한 적은 없습니다. 제자들이 자신들의 말의 신빙성을 주기 위해 제가 직접 이야기하였다고 한 것입니다.

허나 제가 이야기하는 내용이 바로 인간을 구원하는 의미였으므로 그것이 바로 메시아의 역할이기도 하였습니다.

메시아는 이스라엘의 구세주가 아니라 인류의 구세주였으나 당시 전파할 수 있는 수단이 없었으므로 저의 뜻이 이스라엘에 국한되어 전파되었던 것입니다.

제가 말하는 하늘은 선생님께서 전하고 계시는 우주(선계)의 아래에 있는 하늘입니다. 즉 인간의 길흉화복에 직접적으로 관여하는 하늘이지요. 복을 주기도 하고 벌을 주기도 하는 하늘입니다.

- 구세주는 구체적으로 어떻게 세상을 구원해야 한다고 생각하셨는지요?

실제로 지상에 하느님의 나라를 샘플로라도 건설하는 것이 목표였는지, 아니면 하느님의 말씀을 전하여 세상 사람들의 마음이 변하면 후에 자연히 하느님의 나라가 만들어지는 것으로 생각하셨는지요?

아니면 사후에 천상 천국을 건설하는 것을 목표로 하셨는지요? 기독교인들이 말하는 죽어서 천당 가자는 목표에 대해서는 어떻게 생각하시는지요?

구세주는 말씀을 통해서 세상을 구원해야 한다고 생각합니다. 행동으로 보여주는 것은 지역적으로 한계가 분명하나 말씀은 기록하여 전파하면 보여주지 않아도 되므로 범위가 상당히 넓어집니다.

샘플로 하늘나라를 건설하는 것은 생각해 보지 않았으며 제가 깨달은 하늘의 뜻을 전파하다 보면 그 뜻이 여러 사람들에게 전달되어 언젠가 하느님의 나라, 즉 하늘의 뜻대로 운영되는 나라가 존재하게 될 것이라고 생각하였습니다.

저의 말로 인해 세상 사람들의 마음이 변하여 하느님의 나라가 되는 것은 아닐 것입니다. 이 세상에는 하느님의 뜻과 반대되는 뜻이 항상 존재하기 때문입니다.

천국은 아무리 위대하다고 해도 한 개인의 힘, 즉 일방적인 힘만으로는 어렵습니다. 우주는 항상 균형을 잡고자 하는 힘이 존재하므로 그 힘에 의해 반대의 힘이 발생됩니다.

따라서 극선이 존재하면 극악도 존재하게 되는 것이 이 세상의 법칙인 것입니다. 제가 많은 사람들을 하늘로 인도하려 하면 그렇지 않은 힘도 영향을 발휘하는 것입니다. 이것이 종교의 존재이유를 더욱 부각시키기도 하지만 그렇지 않은 기능을 하기도 합니다.

인간들은 지상에 있는 동안 천국에 들어가고 싶어도 몸을 가지고 있어서 실제로 어려운 경우가 많습니다. 육신이란 그것 자체로서 고난도의 공부를 시키는 면이 있으며, 갖은 유혹으로부터 자유롭지 않습니다.

따라서 사후에는 육신을 벗어나므로 생전에 비해 간단하게 천국, 즉 우주의 경지를 아주 쉽게 이해할 수도 있습니다. 인간의 마음이 변하면(비워지면) 하늘나라에 갈 수 있는 것은 맞으나 그것도 쉬운 일은 아니지요.

가롯 유다의 배신과 인간의 허점
– 예수님과의 대화4

- [가롯 유다]는 왜 예수님을 은전 30냥에 팔아 넘겼는지요? 재정을 담당했었다면 똑똑하고 신임이 두터운 제자였을 것으로 생각됩니다.

혹자는 예수님에게 실망해서 그랬을 것이라고도 하며 또 자신이 사랑하던 여인이 예수님을 사랑하는 것을 질투하여 그랬을 것이라고도 합니다. 왜 그의 마음을 얻지 못하였는지요?

이것이 바로 인간의 본성 중에 내재된 허점입니다. 이 허점이 신과 인간을 구분하는 기준이 되기도 하거니와 이 허점이 채워지면서 인간이 바로 신의 영역으로 넘어가는 것이기도 하지요.

[가롯 유다]만이 아니라 수많은 인간들이 이러한 허점 때문에 전혀 생각지도 못했던 잘못을 범하기도 하는데 이 잘못을 채울 수 있는가 아닌가 여부가 인간의 모든 문제에 답을 주기도 하고 나락으로 떨어지게 하기도 하지요.

이 비율은 0.00001%일 수도 있고, 수십%가 되기도 하는데 이 비율이 바로 인간의 완성도를 결정하는 것이지요. 대개의 경우 괜찮은 사람들은 이 허점의 비율이 낮습니다. 유다도 인간이었지요.

자신의 일생에 있어 가장 큰 실수를 한 것이지만 유다가 아니었다면 다른 제자가 그러한 일을 하였겠지요. 하늘의 입장에서 보면 일종의 역할연기일 수도 있습니다.

유다는 이 일로 인하여 아직도 스스로를 용서하지 못하고 있지요. 인간으로 태어나 왜 자신이 그 역할을 담당할 수밖에 없었던가에 대한 답을 아직 구하지 못하고 있는 상태입니다.

바로 그 멍청함을 채울 수 있느냐 아니냐가 인간이 우주의 본성에 다가가서 일체를 이룰 수 있는가 아닌가를 결정하는 비율이지요. 이것은 자신이 어떻게 살아가는가에 달려 있기도 합니다.

결국 열쇠는 자신이 가지고 있는 것이지요. 가능한 범위 내에서 말입니다. 똑똑한 것처럼 보이는 인간들은 반드시 그만큼의 허점을 어딘가에 가지고 있는 경우가 많지요. 이것이 바로 우주의 원리이기도 하니까요.

우주는 절대로 모든 것을 주는 법이 없지요. 그래서 자신이 가진 것들을 그것이 없는 타인들에게 나누어주고 스스로 부족한 것을 남들로부터 구하는 것이 인간으로서 가장 현명하고 보람 있는 삶의 길을 가는 방법이자 하늘에 다가서는 방법이지요.

이것이 사랑으로 표현될 때 하늘에 가장 가까이 다가서는 방법입니다. 이 과정에서 기운이 하늘에 통하면 기적이라고 부르는 현상이 나타나기도 하지요. 사랑입니다.

제자들이 모여든 이유 – 예수님과의 대화5

– 예수님의 가까운 제자들은 당시 무엇인가 현실적인 이익을 찾아 모였을 것이라고 말하는 사람들도 있습니다. 즉 예수님께서 말씀하시는 좋은 세상이 오면 무엇인가 한자리 하려는 사람들이라는 것이지요.

헌데 아무리 기다려도 그런 기미가 보이지 않자 실망하여 예수님을 떠나고 배신하였을 것이라고도 합니다. 당시 예수님의 제자들은 왜 모여들었는지요?

진리를 찾아서? 아니면 무엇인가 현실에서는 부응되지 못하는 것을 보상하려는 보상심리에서 그랬는지요?

지금 수선재에 모여드는 사람들은 자신들도 확실히 알지 못하는 무엇인가 기운에 끌려오는 사람들이 많이 있습니다.

인간의 상태로 있는 이상 현실이란 가장 벗어나기 어려운 굴레 중의 하나입니다. 벗어나기 어려운 것이 두 가지 있는데 하나는 정신적인 영역이고, 하나는 물질적인 영역입니다.

현실이란 이 두 가지를 종합적으로 일컫는 것인데 여기에서 벗어난다는 것은 바로 해탈을 의미하는 것이지요. 공부에 들어 현실에서 벗어나는 것은 그 사람의 조건이 현실에서 벗어날 수 있음을 기반으로 한 것입니다. 그렇지 않으면 현실에서 벗어난다는 것이 어렵지요.

저의 제자들도 모두 현실에서 벗어남을 원하였으나 이러한 사고의 근저에는 현실이 힘들고 고달프다는 것이 깔려 있지요. 이것으로부터 완전히 벗어난다는 것은 바로 이승을 떠나는 것입니다. 그렇지 않고는 안 되지요. 현실이란 누구를 막론하고 고달픈 것이 원칙입니다. 우선 이것을 알고 들어가야 하지요.

저의 제자들이 기대하였던 좋은 세상이란 바로 마음의 평화이며, 이 마음의 평화를 이루기 위해 하느님의 뜻을 기다려야 했던 것이지요.

인간은 항상 기대하는 바가 있게 마련이며, 이 기대하는바 중에 가장 큰 것이 바로 마음의 평화입니다. 이 마음의 평화는 진리를 아는 순간 일단 찾아오게 되며 그 진리를 나의 것으로 하고자 노력하는 순간 다시 떠나게 되지요.

헌데 그것이 다시 찾아오기 위해서는 엄청난 노력이 있어야 하지요. 진리 공부란 그렇게 쉬운 것이 아닙니다. 이유는 그것으로 얻으려는 것이 워낙 값어치 있는 것이기 때문입니다.

대학입시생이 하버드에 입학하는 것이 어찌 쉬울 수 있는지요? 인간에게 마지막으로 남은 숙제가 바로 이 공부입니다. 따라서 이 공부를 하는 과정에서 많은 과제가 내려오는 것입니다.

저에게 찾아오는 이유는 진리를 보고 오는 것이었으나 그 진리를 자신의 것으로 하기 위한 노력의 힘겨움이 다시 떠나게 만드는 것이지요.

진리란 절대로 그렇게 쉽게 다가오지 않습니다. 진리가 어찌 그리 쉽게 다가올 수 있다고 생각하는 것인지요?

수천조의 돈도 1원부터 모여서 이루어지는 것이듯 그러한 비유의 대상조차 없을 만큼 큰 진리의 값어치는 아주 크지만 또한 아주 작은 것에서 비롯되는 것입니다.

자신의 모든 것을 열고 구석구석을 찾아보고 그 안에서 진정 값어치 있는 것과 없는 것을 가려내며 이 중에서 버려야 할 것과 그대로 놓아두어야 할 것을 가리며, 놓아두어야 할 것을 더욱 값지게 닦고 가꾸는 것은 수행에 든 사람들이 평생을 해 나가야 할 일인 것입니다.

처음으로 수행에 든 모든 사람들은 대개 성급하게 이 길을 가려하는 사람들이 많으며 그러한 사람들은 자신이 노력한 만큼의 성과조차도 얻지 못하고 떠나는 사람들이 많습니다.

1원을, 10원을, 100원을 1,000원을 모르고 1억을 벌려고 하는 것과 같지요. 하늘은 절대로 도약이 불가능하지요. 한 발, 한 발 차근차근 가야 하는 것이지요.

진리를 아는 것도 쉽지 않거니와 진리를 내 것으로 한다는 것은 더욱 힘든 것이지요. 진리를 구하는 것은 본인이 스스로 하는 것이지 남이 해줄 수 있는 것이 아닙니다. 다만 방법을 알려줄 뿐이지요.

그것을 남이 구해준다고 생각하는 사람은 절대로 진리를 구할 수 없지요. 보상을 바란다는 것은 노력 없이 보다 큰 대가를 바라는 것으로서 이러한 사람은 무엇을 줘도 그 값어치를 알 수 없는 사람이므로 절대로 하늘이 주지 않는 법입니다.

저의 제자들도 이렇게 우둔한 사람들이 있었으며 열두제자 중에도 있었지요. 열두제자는 숫자에 불과한 것이지 엄선된 12명이 아니었습니다. 그 안에 인간세상의 모든 것이 다 들어 있었지요.

그러나 외부에서 보면 항상 좋아 보일 수 있는 것이고 과대 포장될 수 있는 것이지요. 깨달음은 항상 현실에 기반을 두어야 하는 것이고, 그렇지 않으면 공허하게 되기 쉽지요.

저의 제자들도 무엇인가 바라는 사람들이었으나 진리를 구하는 마음과 보상을 바라는 마음의 비율이 문제이지요.

참 세상은 자신의 마음속에 있는 것이지만 이 자신의 마음속에 들어있는 참 세상 즉 우주를 자신의 것으로 하는 것은 현실적인 자신이지요.

간단한 말을 알아듣기 위해서는 좀 공부를 해야 하지요. 이 간단한 진리를 모르면 공부가 도로아미타불이 되고 허송세월만 하게 되지요. 업보이기도 합니다.

그래도 무엇인지 모르고 끌려오는 사람들은 영혼이 순수한 사람들입니다. 일단 진리의 향기를 맡은 사람들이지요. 진리의 값어치를 알 가능성이 많은 사람들로서 이들은 보통 사람들보다 많은 가능성을 가진 사람들이기도 하지요. 떠나는 이유는 근기 부족에 기인하는 경우가 많을 것입니다.

유대인이 생각하는 하늘 – 예수님과의 대화6

* 예수님의 말씀 공개를 종료하려고 했으나 수선인들에게 너무나 적합한 내용이 있어 또 공개합니다.

예수님의 말씀에 의하면 유대인들도 동이족의 한 부분이라고 하는 군요. 2천년 만에 잃었던 나라를 재건한 유대인의 저력이 동이족의 혈통에서 비롯된 것인가 봅니다.

유대인의 인구는 현재 6백만 정도라고 하며 이스라엘의 영토는 남한의 1/4 정도라고 하는 군요. 그 국토가 대부분 사막이라고 합니다.

사막에서 오아시스를 일구어 낸 유대인의 끈기와 노력을 배워야 하겠습니다. 지구 역사상 한 번 사라졌던 나라가 재건된 경우는 이스라엘이 유일한 사례입니다.

– 현재 전 세계인들로부터 유대인들이 결코 좋은 대접을 받지는 못합니다. 허나 [유대인을 알면 세계가 보인다]고 할 정도로 세계를 움직이는 분들은 거의 유대인들입니다.

유대인들은 하느님으로부터 선택받은 선민(選民)인지요? 유대인의 우수성은 어디로부터 오는 것인지요?

유대인의 선민사상을 어떻게 생각하시는지요? 유대인들이 생각하는 하늘은 어떤 하늘인지요?

어느 민족을 막론하고 그들이 숭배하는 하늘이 다른 것은 아닙니다. 모두 동일한 하늘이지만 서로 해석이 다른 것입니다. 그 하늘의 모습을 읽어가는 방법도 다릅니다.

어떤 민족은 가까운 것에서 하늘을 읽지요. 토템이나 샤머니즘의 형태로 하늘의 뜻을 읽으려 합니다. 어떤 민족은 그 보다 차원 높은 방법으로 하늘을 읽으려 하지요. 그래서 하늘 단계의 방법으로 하늘을 읽기도 하고 경우에 따라 아주 수준이 높은 경우에는 우주를 바로 읽으려 하기도 하지요.

다양한 방법이 있으나 이 세상을 우주(하늘1) - 하늘(하늘2) - 인간 - 미물의 단계로 본다면 미물은 인간으로, 인간은 하늘로, 하늘은 우주가 되고 싶어 하는 것이지요.

우주란 그 자체가 완성체로서 어느 것이든 받아들이지만 그것이 우주의 뜻을 읽을 수 있어야 그 안에서 존재할 수 있지요.

우주란 바로 격(格)입니다. 이 격이란 보이지 않는 벽이어서 무엇으로 막아놓은 것도 아니면서 넘어갈 수 있는 자격을 갖추지 않으면 넘어갈 수 없지요. 그 자격을 갖추기 위한 노력은 이루 상상할 수 없을 만큼 많은 정신적, 육체적 고통을 감내하도록 하기도 하지요.

그래서 미완의 상태인 인간의 비교적 쉬운 목표는 하늘2가 되는 것이고 그보다 더 높은 경지에서는 하늘1이 되려하지요. 당연히 저는 비교적 쉬운 하늘2를 목표로 설정하였고요. 선생님께서는 저절로 하늘1을 목표로 설정하셨지요.

하늘1은 누구나 갈 수 있는 곳은 아닙니다. 일정한 자격이 주어져야 가능한 곳이지요. 하지만 한번 가기만 하면 다른 어떠한 것도 필요 없기도 하지요. 하늘2는 다시 피나는 노력을 해서 하늘1로 가려는 노력을 해야 하는 것이고요.

미물과 인간의 거리가 1마일이라면 하늘2와 인간의 거리는 3~5마일 정도 되고 하늘1과 하늘2간의 거리는 13마일 이상입니다.

이 중에서 미물도 하늘의 파장을 발산하므로 이것을 잘 읽어서 하늘의 뜻을 아는 방법도 있습니다. 미물은 그 자체가 해석할 능력을 갖지 못하므로 우주와 하늘의 파장을 받으면 그대로 전하기 때문입니다.

인간은 그 자체가 너무도 복잡하므로 일부는 자체에서 하늘1(우주)의 파장을 발산하기도 하나 거리감으로 인하여 대부분 이 파장의 이해가 힘겨운 부분이 있으며, 하늘2(하늘)의 파장을 받았을 때 비교적 받아들이기 쉬운 것입니다.

제가 펴고자 했던 하늘과 유대인이 생각하는 하늘은 하늘2(하늘)입니다.

그래서 비교적 인간의 속성을 잘 이용하는 편이지요. 속세에서는 인간의 속성을 잘 이용하는 편이 성공률이 높지요.

이 부분은 인간의 진화정도에 따라 달라질 것이므로 앞으로는 하늘1에 대한 이해가 가능한 인간들이 많아질 것입니다. 지금까지 하늘2에 의해 진화된 인간들의 앞으로의 목표는 바로 하늘1이기 때문이지요.

유대인은 선민은 아닙니다. 제가 가르친 것이 바로 하늘2에 대한 것이며 이것이 적중한 것이지요. 말하자면 대상에 대한 분석과 마케팅이 잘 된 것이지요.

그러나 앞으로는 많이 바뀔 것입니다. 하늘2에 근접한 인간들이 증가하면서 하늘1에 대한 관심이 날로 높아져 가고 있습니다.

과연 하늘2보다 높은 곳에는 무엇이 있을까 하는 궁금증을 가진 많은 사람들이 하늘2의 다른 면을 읽어보고는 하늘1로 착각하는 경우도 있고, 정말로 하늘1의 변두리를 읽은 경우도 있지요. 이러한 사람들이 자신이 읽은 것을 주변의 다수의 사람들에게 자신이 하늘1을 읽었다고 이야기하곤 하지요.

그러나 이것을 듣는 보통사람의 입장에서는 "자신이 하늘을 읽었다."고 자신 있게 말하는 사람이 지칭하는 하늘이 하늘1인가 하늘2인가에 대한 판단이 불가능합니다. 그래서 많은 사람들이 판단을 잘못하는 경우가 생기는 것이지요.

유대인의 하늘은 하늘2입니다. 그것이 우수한 것처럼 보이도록 하는 것이기도 하지요.

* 예수님과의 대화의 더 자세한 내용은 『예수 인터뷰』 책으로 출간되었습니다.

자신을 사랑하세요 - 황진이 선인과의 대화1

*황진이 선인님께서 수선인들에게 전하는 말씀이십니다.

- 현재 수선재 회원들에게 하실 말씀이 있으신지요?

"하늘은 스스로 돕는 자를 돕는다"는 말을 전해드리고 싶어요.

하늘의 사랑을 가장 잘 표현하신 말씀이지요. 사랑은 절대로 가만히 있어서는 안 되는 것이지요. 사랑을 위해 내가 할 수 있는 것이 있어야지요.

사랑을 원하면서 가만히 있는 것은 도리가 아니지요. 사랑을 갖기 위해 나도 사랑을 하여야 하는데 내가 사랑할 대상이 누구이겠는가?

가장 우선적인 것은 바로 "나"지요. 내가 나를 사랑하지 않는데 누가 나를 사랑할 것인가요. 자신을 사랑할 때 하늘도 그분을 사랑하시는 것이지요.

자신을 사랑하세요. 자신을 사랑하면 하늘이 자신을 사랑하는 분을 사랑해 주십니다. 현재 자신의 모습이 어쨌든 자신을 사랑하세요. 자신은 그것이 자신이라는 이유만으로 더 없이 소중한 존재이지요. 자신을 사랑하면 하늘이 자신을 사랑하는 그 분을 사랑해 주실 것입니다.

어떠한 자신이든지 자신을 사랑할 수 있도록 하세요. 설령 자신이 마음에 들지 않더라도 자신을 사랑할 수 있어야 합니다. 자신은 금생에 만나야 하고 만날 수밖에 없도록 하늘이 정해준 인연이지요. 바꿀 수가 없잖아요?

예전에는 부모님께서 정해준 인연과 혼인을 해서 평생을 살기도 하지 않았나요? 몸을 주신 부모님께서 정해준 인연과 결혼을 하기도 하는데 그때는 결혼 이후의 생을 함께 하는 것이지만, 자신은 태어나서부터 향천할 때까지 함께 하는 것이지요.

일평생 자신이 함께 할 육신과 정신을 준 하늘이 정해준 인연이 바로 자신인데 이러한 자신을 스스로 사랑하지 않는다면 누가 자신을 사랑할 것이며, 하늘은 또 그러한 분을 어찌 사랑할 것인지요?

자존심은 진정 자신의 소중함을 알고 자신을 귀하게 여기는 것입니다. 그러한 속에서 자신에 대한 존경심도 나오는 것이고 그러한 것이 스스로 선인으로서 격을 높이기도 하는 것이지요.

인간들이 훌륭하고 용모 단정하며 재주 있는 사람을 좋아하듯이 하늘도 잘난 천수체를 좋아하는 것이지요. 잘난 천수체란 바로 스스로 자신을 귀하게 생각하고, 자신을 사랑하며, 자신의 진화를 위해 열심히 노력하는 사람들이지요.

진화의 열망 중에 가장 값진 것은 바로 하늘이 되고자 하는 것이고, 하늘도 자신과 가까워지고자 노력하는 사람들을 사랑할 수밖에 없는 것이지요.

자신을 열심히 사랑하세요. 그러면 하늘의 귀여움을 받을 수 있고 그런 당신도 하늘이 될 수 있을 거예요. 못나도 잘나도 자신을 사랑하세요. 그것이 가장 지름길이죠.

자신은 잘나서 사랑해야 하고 못나서 사랑하지 않아도 되는 것이 아니죠. 무조건 자신을 사랑해서 스스로를 잘나게 만들어야 더욱 사랑할 가치가 생기고 그렇게 되면 하늘도 자신을 사랑해서 선물을 주시는 것이죠.

이승에서의 용모는 하늘에서는 전혀 중요한 것이 아닙니다. 전생의 자신이 어떻게 살았는가에 대한 답일 뿐이죠. 금생에 자신을 사랑한다면 선인이 되지 못하였을 경우라도 내생에는 더욱 나은 모습의 자신을 가질 수 있을 거예요. 하지만 어떻게 해서든 금생을 마무리 할 즈음에는 선인이 되어야겠죠.

수선인 여러분을 몹시 사랑하며 부러워한답니다. 우주에서도 경사로 여기는 일에 참여할 수 있으니 말입니다. 축하드린다는 말을 꼭 드리고 싶군요.

남자들은 누구인가? – 황진이 선인과의 대화2

– 남자들을 어떤 마음으로 대했는지요? 남자들은 누구인지요?

남자들이란 곧 양(陽)으로서 여성의 음(陰)에 대합니다. 남자는 여성과 대비하여 논할 수 있으되 홀로 논할 수 있는 부분은 극히 제한적이라고 할 수 있습니다.

남자들은 밝고 활발하며 동적이고 강하게 보입니다. 반면 여성들은 음의 성격을 지녀 정적이고 약하게 보입니다. 남자들은 깊이 들어가 보면 일반적인 기준과는 반대인 경우도 있습니다.

밝은 듯 하나 어둡고, 활발한 듯 하나 의기소침하며, 동적인 듯 하나 정적이기도 하며, 강한 듯 하나 약하기도 한 것이 바로 남자이므로 외적인 것과 내적인 것을 잘 알아서 대하여야 합니다.

남자라고 다 남자가 아니며 여자라고 다 여자가 아닌 까닭입니다. 이러한 남자를 대하는 방법은 오직 "진심(眞心)" 하나로 족한 것입니다.

이들이 어떠한 사람인가를 확인하여 개개인의 성향을 분석하여 대한다는 것은 상당히 피곤한 일이며 방법상의 오류를 범할 수밖에 없도록 됩니다.

허나 오직 진심으로 대한다면 상대방의 진심이 우러나오게 되어 오류가 적어집니다. 남자이기 이전에 인간이며 인간은 그 자체가 소우주인데 어찌 천변만화(千變萬化)가 그 안에 없겠습니까?

상상할 수 없을 만큼의 별의 별 것들이 그 안에 내재되어 있어 전혀 생각지 못했던 답이 나오기도 하는 것이 바로 남자인 것입니다.

따라서 여성은 항상 어머니의 마음으로 남성을 품어야 하며 그러한 속에서 아들 같으면서도 연인 같기도 하고 아버지 같기도 한 느낌이 살아나오게 하여야 하는 것입니다.

남자를 상대할 경우 반드시 유념해야 할 부분은 역할에 있어 절대로 남성이 여성보다 위가 될 수 없다는 것입니다. 천지는 하늘과 땅이 동시에 존재하였으되 발아의 과정은 모두 땅이 담당하였음을 생각해 본다면 알 수 있을 것입니다.

생명의 씨앗은 하늘이 주되 그것을 살려내는 것은 여성의 역할이었던 것입니다. 따라서 여성의 기본은 모성이며 모성을 기본으로 하는 한 어떠한 인간관계에서도 실패할 일이 없는 것입니다.

수선재의 선생님 역시 모성으로 하는 것이지 지식으로 하는 것이 아닙니다. 안다는 것은 모성을 보충하는 방법이지 그 자체가 따스함이 없는 한 속(俗)의 선생은 가능해도 하늘을 전하는 선생을 할 수는 없는 것입니다.

사랑이란 근본적으로 모성이며 여성만이 온전히 할 수 있는 것 중의 하나입니다. 남성은 아무리 잘난 체 해도 역시 어쩔 수 없는 부분이 있는 것이며, 따라서 저는 많은 남자들을 겪어보면서 남자에게 실망하지 않은 방법이란 항상 어떠한 남성이든지 모성으로 감싸야 한다는 것을 터득함으로써 한 번의 사랑을 겪을 때마다 실연의 아픔을 승화시키고 하늘의 뜻에 더 가까이 다가갈 수 있었던 것입니다.

저라고 해서 일반적인 여성들이 하는 사랑을 하지 않았던 것도 아니며, 그 사랑에서 무엇을 원하고 버려야 하는지를 극에서 극으로 알았던 사람입니다.

선생님께서 상상하실 수 없는 정도의 수많은 남성들과 사랑을 나누고 가슴을 앓아야 했던 과정은 모친의 마음을 가지지 않았더라면 겪어 넘길 수 없었을 것입니다.

그 많은 사람들과의 사랑이 전부 아들을 여러 명 둔 것 같은 기분으로 받아들였으므로 진실한 사랑을 하면서도 아픔을 나름대로 온전히 승화시킬 수 있었던 것입니다.

사랑했다고 해서 그들과 모두 연인관계를 원하였다면 견딜 수 없었을 것입니다. 인간의 감정이란 그러한 것입니다.

어머니의 마음은 그들이 다른 여성과 사랑을 할 수 있도록 다독여주고 바라보는 즐거움까지도 저의 것이 될 수 있는 방법이었던 것입니다. 여성이므로 그것이 가능했던 것이지요.

남성들은 그것이 안 됩니다. 가까이 하지 않으면 멀어져야 하는 경우가 대부분이지요. 양자택일의 관계가 남성들의 관계라면 저는 아들을 여럿 둔 어머니의 마음을 가지고 대하였으므로 모두를 다 품에 안을 수 있었고 그러한 저의 마음을 잘 알고 있었으므로 모든 남성들이 저를 더욱 가까이 하고자 하였으면서도 가슴에 아픔이 적을 수 있었지요.

하지만 저라고 해서 여성으로 기대고 싶지 않은 것은 아니었지요. 사랑을 할 때는 기대고 싶고, 안기고 싶고, 원하고 싶지요. 그것이 또한 사랑이기도 하니까요.

하지만 결국 완전한 사랑은 어머니의 사랑이지요. 그것은 곧 모든 것에 생명을 부여할 수 있는 우주이니까요.

* 금년 한 해는 수선인 모두가 황진이 선인님의 밀씀처럼 사람을 진심으로 대하고, 진심으로 좋아해주며, 모성으로 다독여줄 수 있는 사랑을 지니는 해가 되기를 바랍니다.

선악과와 생명나무 – 황진이 선인과의 대화3

1. 선악과는 무엇이라고 생각하시는지요? 황 선인에게 있어서 선악과는 무엇이었는지요?

제 입장에서 선악과는 인간의 일이었습니다. 당시 지상에서 많은 일들을 보았으며, 이러한 일들이 제게는 모두 선악과였습니다. 물론 당시에 인간의 모습으로 있었던 제가 겪어 넘기기 어려운 일들이었던 것임은 틀림없습니다.

하지만 그러한 일을 통하여 많은 진화를 하였고, 지금 와서 돌아보면 그때의 일들이 제게는 선악과였으며, 그로 인하여 엄청난 진화를 하였음을 알게 되었습니다.

그런데 제가 생각하는 선악과는 "인간의 감정을 일으키고 가라앉히는 열쇠"를 말하는 것인데 선생님께서도 같은 의미이신지요?

– 그렇습니다.

때로는 수련이 불가능할 정도의 흔들림을 가져오기도 했고, 지독한 몸 공부를 시키기도 했으며, 죽음의 문턱으로 몰아넣기도 했습니다.

맞군요. 그 정도가 아니라면 선악과라는 이름으로 부를 수 없지요. 선악과는 인간의 선의 끝과 악의 끝을 모두 경험할 수 있는 정도라야 그렇게 부를 수 있습니다. 감히 선과 악을 통칭할 수 있는 이름을 아무 곳에나 붙일 수는 없는 것입니다.

모든 선인들께서 공부를 위해 지상에서 인간의 길을 간 이유가 그러한 경험을 하기 위한 것이 아니었나요?

2. 생명나무는 무엇이라고 생각하시는지요? 황 선인은 무엇을 통해 생명나무를 얻었는지요?

선도 악도 없는 것이 바로 생명나무입니다. 우주 그 자체가 바로 생명나무이지요. 팔문원의 가운데에서 나오는 파장이 바로 생명나무의 파장입니다. 우주의 어떠한 것도 태어나게 할 수 있는 힘 그것이 바로 생명나무입니다.

수선재의 "수(나무)"가 무슨 글자인지 생각해 보면 아시겠지요. 생명나무란 바로 수련을 통해 얻어지는 결과, 즉 선인이 되는 길이 바로 생명나무를 얻는 것이지요.

선계에서는 영생이 아니면 생명이란 용어를 사용할 수 없습니다. 인간으로 공부할 때와 같은 한시적인 생명은 우주에서 생명이라고 하지 않습니다.

진정 생명나무라면 수선재(樹仙齋)를 통하여 얻을 수밖에 없는 것이지요.

수련을 통하여 얻는 것 그것이 바로 생명나무이지요.

* 역시 황진이 선인이라는 생각이 들지 않으세요?

새해에는 수선인 모두가 선악과 공부를 통해 생명나무로 나아가는 지름길을 발견하시기 바랍니다.

"감정을 일으키고 가라앉히는 열쇠"는 바로 호흡이지요.

호흡!

호흡을 통한 수련밖에는 없습니다.

* 황진이 선인과의 대화의 더 자세한 내용은 『황진이, 선악과를 말하다』 책으로 출간되었습니다.

공자님과의 대화

1. 인사 : 저와 사형님과는 초면이신지요? 선계의 후배로서 인사드립니다. 고명하신 분을 이렇게 뵙게 되어 영광입니다.

초면일 리가 있겠습니까. 후배라니요.

선력(仙力: 선계의 등급에 따른 위치, 권한과 책임 등 제반 조건 모두를 말함)이란 나이만 먹는다고 되는 것이 아님을 잘 알고 있습니다.

말씀 낮추시지요. 반가움으로 말하자면 저도 마찬가지입니다.

2. 제가 금년 여름 중국에 다녀오는 길에 곡부에 갔었습니다. 공자님에 대한 좁은 소견이나마 가질 수 있게 되었습니다.

허락하신다면 여러 질문을 여쭙고자 합니다. 질문 내용이 다소 예에 어긋난 점이 있다면 시정하여 주십시오.

허락이라니요. 당치 않으십니다.

선생님의 뜻대로 하시지요. 모두 하늘의 것일 뿐 저의 것이 있을 수 없습니다.

3. 사마천의 사기에 따르면 [공자님의 이름은 구(丘), 자는 중니(仲尼)요, 그 선조는 송인(宋人)이었다]라고 되어 있습니다. 자(子)라는 말은 [선생]이라는 뜻이고, 공(孔)이라는 말은 [성씨]를 말하겠지요.

그런데 구라는 이름과 중니라는 자는 어떤 연유에서 붙여진 것인지요?

중니는 부모님께서 붙여주신 것으로서 그저 무탈하게 오래 잘 살라는 뜻이었습니다. 그리 큰 뜻이 아닐 수도 있으나 사실은 그것이 가장 큰 뜻이기도 하지요.

특별한 의미가 있는 것이 아니었습니다.

4. 송나라는 은나라의 후손이라는 말이 있고, 은나라는 동이족이 세운 나라라는 설이 있는데 그것이 사실이라면 공자님은 동이족인지요?

동이족의 혈통이 상당부분 섞여 있었습니다.

아마도 60-70% 정도는 그러하였을 것입니다.

5. 아버지 숙량흘과 어머니 안징재는 어떤 분들이며 무슨 일을 업으로 하고 사셨는지요?

아버님께서는 힘이 장사인 분으로서 두뇌는 명석하셨으나 시험을 보신다거나 하는 일에는 별 관심이 없으신 분으로서 그저 벼슬을 주면 하고 안 주면 마는 정도의 분이었습니다.

세속적인 것에 대하여는 별 관심이 없으신 분으로서 살아감에 어느 것이 편리한가에 중점을 두신 분이라고 볼 수 있습니다.

제가 8살 경 향천하셨으므로 어린 시절에 가끔 뵌 기억과 저를 보면 유달리 귀여워해 주셨던 점이 기억에 있을 뿐 다른 기억은 별로 없습니다. 노년임에도 체구가 장사이시고 아주 건장하신 분이라는 것이 기억납니다.

모친은 아버님의 뜻을 받들어 생활을 하셨을 뿐 세상에 대한 뜻은 없으신 분으로 알고 있습니다. 큰 걱정도 없고 그런대로 살아가시면서 저에게 항상 정을 많이 주신 분이시지요.

저는 성격적인 면에서 모친의 영향을 많이 받았습니다.

6. 아버지가 본실에게서 아홉 명의 딸과 아들 하나를 두었는데, 아들이 건강치 못하여 대를 이을 수 없자 후처인 안징재에게서 공자님을 두었다는 기록이 있습니다.

헌데 이 당시 아버님의 연세가 너무 높아 자식을 둘 수 없었는데 산 기도를 통해 공자님을 낳았다고 합니다. 해서 친부가 숙량흘이 아니라는 설도 떠돌고 있다고 합니다.

숙량흘은 친부가 맞습니다.

자식을 둘 수 없을 정도는 아니셨지요.

7. 언제 어디서 태어나셨는지요? 기원전 552년 8월 27일이라는 설이 있습니다. 출생지는 오늘의 산동성 곡부현이 맞는지요?

또 기원전 479년 사망하셨다는데 언제 어디서 어떤 병으로 향천하셨는지요?

날짜를 정확히 기억할 수 없으나 8월 21~26경(음력) 곡부현인 것으로 기억하고 있습니다. 당시의 현이란 행정구역이 좁은 것이 아니므로 곡부현이란 것은 맞는 것입니다.

사망은 76세경 10월 15일 자시에 노환으로 향천한 것으로 기억합니다. 특별히 아픈 곳은 없었으나 기력이 부족하였지요.

8. 악기를 좋아하셨으며 음악에 상당한 조예가 있으셨다는데 좋아하신 악기는 무엇이며 왜 특히 음악을 좋아하셨는지요?

음악은 선인의 기본입니다. 파장으로 인간의 감정을 움직여 하늘의 뜻을 전하기도 하고 인간의 감정을 순화시키기도 하지요. 교육의 방법으로 사용하기도 합니다.

음악이란 참으로 무궁무진한 파장을 가지고 있어 이 파장을 이용할 줄 안다면 인간의 모든 것을 알 수 있기도 하지요.

이러한 파장의 묘미에 빠지면 선인이 되는 것은 금방이었지요. 저는 호흡을 잘 몰랐으므로 음률을 통하여 선인의 경지를 익혔던 것입니다.

조예가 깊다기보다는 빠지다 보니 그리 된 것이지요. 악기는 가리지 않고 좋아하였으나 주로 현악기와 관악기를 즐겼습니다. 음의 고저와 장단을 고를 수 있으므로 하늘의 파장을 표현함에 비교적 어려움이 없었지요.

공자와 제자들

1. 선계의 입장으로 보아 공자는 어떤 인물이며, 그에게서는 어떤 점을 배우면 되겠는지요?

사람의 모습을 하고 있다고 다 사람이 아니다. 인간의 유형 중에는 선인에서 짐승까지 있는 것이며 이 중에서 수선재의 식구들은 하늘이 되고자 하는 사람들로서 인간으로서의 점수가 최소한 60점 이상은 되는 사람들이다.

공자의 경우 선인으로서 당시에 지상의 혼란을 진정시키고자 하는 하늘의 뜻에 의해 내려온 선배 선인이다.

많은 선인들이 지상에서 태어난 장소는 다르나 각기 하는 역할은 하늘의 뜻을 전하는 것이며, 이 일을 함으로써 자신의 공덕을 쌓아 등급이 향상된다.

공자는 현재 0등급의 선인으로서 다시 지상에서 환생할 날을 대기 중이다.

이 세상이 망하지 않는 이유는 바로 이러한 드러나고 드러나지 않는 많은 선인들이 자신의 역할을 함에 기인한 것이며 그렇지 않다면 벌써 지구는

망하고도 남았을 것이다.

인간의 지혜로 통제가 불가능한 사건이 발생하였을 경우에는 반드시 그 후 세상의 평정을 유지하고자 하는 하늘의 조치가 이어지며, 이러한 조치로 인하여 현재의 지구가 존재하는 것이다.

공자 등 여러 선인들은 원천적 선계등급도 있으나 자신이 지상에 내려 왔을 때 원래의 위치로 환원키 위한 다양한 노력을 하였으며 이러한 노력이 성과를 거둔 결과 인간을 위하여 크나큰 일을 할 수 있었던 것이다.

공자는 기본적인 조건 외에 성장하면서 다양한 공부를 함으로써 깨달은 바가 있어 이러한 지식으로 후세에 길이 내려갈 배움의 자취를 남겼다.

그 전의 모든 지식과 선인들의 노력도 중요하나 그간의 모든 것들을 집성한 공자의 업적은 다른 선각자들의 노고에 비하여 중하다고 할 수 있을 것이다.

이렇게 한 시대를 매듭짓고 많은 사람들의 의식이 혼란스러울 때 자신의 방향을 가늠할 수 있는 잣대를 만들었다는 것이 가장 큰 배울 점이다.

2. 공자의 수제자들이었던 안회, 자로, 자공은 어떤 유형의 제자였으며 수선재의 제자들이 이들에게서 본받아야 할 점은 무엇인지요?

선인이 지상에서 혼자 감당할 수 있는 오류가 있고, 여러 사람이 막을 수 있는 오류가 있으며, 그 뜻을 펼 때에도 혼자 펼 수 있는 뜻이 있고 여러 사람이 펴야 하는 뜻이 있다.

당시의 백성들이 하늘의 뜻을 받아들이려는 욕구는 강하였으나 이러한 그들의 욕구에 부응하는 하늘의 가르침을 내리기에는 이들의 수용수준이 낮았으므로 다양한 사람들이 다양한 방법으로 가르침을 내려야 할 필요성이 있었다.

이러한 다양성을 충족시키기 위하여 공자 이외에 여러 수준의 선인들이 필요하였으며, 이러한 필요성을 충족시키기 위한 제자들 중의 몇 사람이다.

안회 : 역시 선인으로서 선계 0등급이다.

선악도, 호불호도 아닌 중도파장에 가장 정통하였으며, 감정의 폭이 없어 다른 사람들이 안회가 좋아하는 것인지, 싫어하는 것인지 알지 못하였다.

스승에게도 항시 생각이 나가야 할 방향을 점검하도록 진언함으로써 스승이 채우지 못한 분야를 메울 수 있도록 하였다.

자로 : 제자들이 다양한 역할을 다하기 위해서는 항상 한 분야에 정통한 제자만으로 되는 것은 아니다. 文에 능하면 武에 능한 제자도 있어야 문무가 겸비되는 것이다.

배움에 있어 문과 무란 음양과도 같은 것이며 수련에 있어서도 몸 공부와 마음공부가 항시 함께 가야 하는 것이다. 자로는 武에도 치중하였으나 文을 게을리 한 것이 아니므로 양자를 겸비한 제자였다.

자공 : 학문을 열심히 하면서도 이치를 세상에 적용시키는 재주가 있어 공자의 뜻을 세상에 펴는데 익숙하였다.

이러한 능력은 공자의 뜻을 많은 사람들이 받아들이도록 함에 많은 도움이 되었으며 공자가 학문에 주력할 수 있도록 함에도 크게 기여하였다.

학문을 펴면서도 세상으로부터 거두어들일 줄 알았으므로 이러한 면이 속에서 공부하는 수련생들에게 많은 도움이 될 수도 있을 것이다.

노자, 도와 덕은 하나

- 금번 중국 행련 시 공자와 아울러 노자에 대해서도 관심을 갖고자 합니다. 노자는 어떤 사람이었는지요?

선배선인이다. 중국에서 태어났으나 도의 길을 걸음에 있어 많은 도움이 될 선계의 지식을 많이 가지고 살았던 선배이다.

선계의 선배들 중 자신의 자취를 남김에 있어 별로 의식하지 않던 선배가 있던 반면 자신의 자취를 숨기려 노력한 선배가 있었고, 자신을 드러내려 한 선배가 있었다.

어떠한 선배든 그 자취는 후학들에 의해 드러나게 되어 있으며 그러한 결과로 인간의 세상이 우주의 질서를 유지함에 도움이 되는 것이다.

노자는 선계 0등급으로서 지상에서 자신의 뜻을 펴기 위해 많은 노력을 하였던 사람이다. 승급을 위하여 지상에 내려온 것이 아닌 오직 자신의 뜻을 펴기 위해 내려왔으므로 별로 드러나고자 노력한 바가 없다.

출세를 위한 노력도, 뜻을 펴기 위한 노력도 없는 것처럼 보였으나 사실상 가장 인간의 마음 속 깊은 곳에 있는 본성에 영향을 주는 많은 선계의 향기를 남겼으니 이러한 자욱이 도덕경이란 책으로 후세에 남아 있는 것이다.

인간이 가장 힘겨울 때 찾고자 하는 것이 바로 본래의 자신이며 본래의 자신을 찾아 들어감에 필요한 방법을 알고자 함 역시 본성으로의 회귀본능을 말해주는 것인바 노자는 다른 선인들과 달리 이 부분을 직접적으로 적시함으로써 후인들에게 많은 도움을 준 바 있다. 현재에도 여전히 선계 0등급으로 선계에서 활동 중이다.

- 유적지와 고향은 어디인지요?

유적은 별로 없을 것이다. 자취를 남기지 않기 위해 노력한 사람이었으므로 그의 자취는 중국 사람들의 마음속에 다양하게 남아 있는 것이다.

한곳에 머무르지 않고 사방으로 유람을 하였으므로 자취가 남아 있는 지역이 넓으나 집중적으로 남아 있는 곳은 별로 없을 것이다. 고향은 현재의 하남 성 지역이다.

- 도덕경은 무엇이며, 수선재의 후학들이 도덕경에서 취할 점은 무엇인지요?

도와 덕은 원래 둘이 아닌 하나로서 다만 설명이 다를 뿐인 것이다. 도는 사람이 가야 할 길이요, 덕은 길을 가면서 갖추어야 할 행동지침이니 그것이 따로 될 수 없는 것이다. 이러한 도와 덕에 대하여 한꺼번에 기술한다는 것은 상당한 수준이 필요한 것이나 노자의 경우 가능하였다.

허나 도덕경의 모든 것을 천서의 한 구절로 대신할 수 있으니 현대의 천수체들은 굳이 도덕경을 필요로 하지 않아도 될 것이다.

– 노자의 제자들은 누구이며 어떤 사람들이었는지요?

직접 지도한 제자들은 특정되어 있지 않다. 허나 책을 통하여 많은 제자들을 배출한 바 있으며, 현재까지도 다양한 사상의 줄기를 이루면서 그 흐름이 이어져 내려오고 있다. 일부는 불교에 접목되었으며, 일부는 샤머니즘으로, 일부는 민간신앙의 형태로 내려오면서 선계를 소개한 바 있다.

이러한 흐름이 바로 노자가 남긴 자취이며, 그것이 제자인 것이니 인간세상에 끼친 영향으로 보면 오히려 올바르지 못한 제자를 두는 것 보다 더 나은 방법인 것이다.

노자의 경우 당시에 인간의 속성을 파악한 이후 하늘이 정해준 길을 가는 것이 인간의 길임을 알고 방치하는 방법을 택한 바 있다.

– 노자의 뒤를 이어 도가의 학맥을 형성한 장자는 어떤 사람이었는지요?

장자 역시 선인이며 인간의 삶에 지도적 영향을 미치고자 다양한 노력을 하였다. 중생들이 보다 인간의 냄새가 나는 삶을 가질 수 있도록 선계의 뜻을 전하고자 노력하였으며, 그러한 노력이 책으로 남아 있다.

선계를 알리는 방법은 다양하나 노자처럼 큰 틀을 알리는 방법과 장자처럼 세부적으로 알리는 방법이 있다.

하늘의 도리를 알고 이 도리를 인간 세상에 펴고자 많은 노력을 하였으나 자신의 노력이 어떠한 성과를 거둘 것인가에 대하여는 별로 집착이 없었다. 선계 0등급이다.

5

※

천연으로 만난 가족

평범함 속의 비범함 (서00 가족)

이들 가족은 전생에는 모두 각자의 길을 걸었다.

명부의 기록에 의하면,

서00은 신라 말 불가에 몸을 담고 있었으며, 그 이후는 태어난 적이 없다. 당시 불법에 대하여 깊은 관심을 가지고 있었던 것은 아니며, 불교가 승함에 따라 불가의 길에 들었었다.

불법의 길이란 깊고 오묘하여 그 실체에 깊이 접하기가 쉽지 않은 면이 있으며 따라서 당시에는 평범한 스님의 길을 걸었다. 허나 스님의 길에 있으면서 지속적인 갈증에 대한 탐구심을 가지고 있었는바 이 갈증의 결과가 금생에 수련에 연결된 것이다.

처 곽00은 고려 말 시주를 청하는 스님에게 시주를 하면서 불법을 전해들은 후 그 불심을 마음속에 간직하여 온 것이 하늘과의 인연으로 연결된 것이다.

본인이 지닌 유머는 전생의 공으로 밝은 성격을 타고 난 탓이다. 끈을 놓지 않고 노력한다면 좋은 결실이 있을 것이다.

장자 00은 신라 말 화랑이었으며, 당시 심신을 강하게 단련하면서도 내심 마음공부에 주력한 바 있어 그때부터 하늘을 알고 지냈다. 당시 벼슬을 하였으나 벼슬보다는 자신의 심신 수양에 더 관심이 많았다.

차남 00은 신라 말 무과에 급제하여 백제와의 국경 지역에서 장수를 지냈으나 문무를 겸비한 재사로서 관내 백성들을 편안히 함에도 노력하였다. 형과 알고 지내던 사이는 아니었으나 그 뜻은 통하는 부분이 많았다.

이러한 다양한 결과들이 모여 오늘의 가족을 이룬 것이며, 앞으로 큰일을 할 수 있을 것이다.

큰일을 하기 위해서는 우선 마음공부를 할 수 있는 건강을 지킴이 가장 우선이다. 컴퓨터에 비유하자면 몸은 Hard ware에 비유할 수 있는바 이 Hard ware에 마음이란 Soft ware를 싣고 가는 것이다.

따라서 누구를 막론하고 건강이 우선이며 따라서 건강을 위해서는 우선 수련을 충실히 할 것을 권한다. 10 톤의 적재용량을 가진 차량은 10 톤을 싣고 갈 수 있는 것이며, 20 톤의 적재용량인 차량은 20 톤을 싣고 갈 수 있는 것이다. 자신이 최선의 능력을 다하면 원래 가지고 태어난 것의 50%까지 증량이 가능하다.

일을 하기 위해서는 우선 자신의 일을 해결하여야 하는 까닭이니 건강을 우선시 하고 정신력을 강화하라.

일가족이 천연으로 엮였음은 하늘이 내려주시고자 하는 다양한 일이 있음이니 인간으로 태어나 이 보다 더 큰 행운이 없는 것이다.

수련 시 상호간에 기운을 지원해 주는 것이 필요하다. 불필요한 기운의 낭비를 막고 상호간에 무엇을 원하고 있으며 그것을 내가 해줄 수 있을 것인가를 생각하다 보면 막강한 시너지 효과가 서로의 수련 진도를 밀어 올릴 것이다.

큰 아이는 글(반드시 문학은 아님)을 통하여 자신의 길을 깨우치고 갈 수 있도록 하라. 어느 정도 가면 자신의 길이 보일 것이니 그 길을 가면 된다. 꿈을 가질 것. 자신이 본 길에 대하여 열심히 탐구하고 눈을 열어 나갈 것. 찾아갈 수 있다.

둘째는 사업 방향으로 일을 할 수 있을 것이니 자신의 일을 할 수 있도록 해주면 좋을 것이다. 장차 직업의 종류가 다양해짐에 따라 많은 기회가 올 것이다.

일가족이 천수체로서 지상에서 평범함 속에 비범함을 가지고 있으니 자신을 낮추고 중생을 위할 수 있도록 노력한다면 금생에 모든 것을 마무리

하고 하늘의 반열에서 일을 할 수 있을 것이다.

일가족의 여일한 수련 진전을 축하한다.

파장이 동일하여 만난 부부인연 (안OO, 최OO)

1. 남편 : 안OO

지부장 감이다. 지부장이란 자신의 능력을 과신하지 않고 솔직 담백하게 인정하며, 이 능력을 바탕으로 수선재의 일을 할 수 있어야 한다. 수련과정에서 본성과의 만남은 자신에 대한 솔직함이 해결하는 것이며, 이것이 해결된 다음의 과정은 한결 쉬운 것이다.

수련의 묘미는 자신을 찾아 들어감에 있는 것이며, 이러한 과정에는 위기들이 연속되어 있다. 여기에서 위기란 자신을 찾아 들어갈 수 있는 방향을 놓치는 것을 말한다.

자신을 찾아 들어갈 수 있는 방향이 바로 잡혔다 함은 현재의 수련 진도보다 더욱 중요한 것이며, 이러한 수련생들이 수련 진도가 나가는 것은 정상적이므로 더 이상 의심할 바가 없다.

전생은 그리스 부근 지역의 지역장이었다. 신분이 아주 높지는 않았으나 능력을 인정받아 한 지역의 제반 업무를 관장하였으며 전시(戰時)에는 선봉에 서기도 하였다.(벤허의 찰톤 헤스톤 같은 역할을 담당했었음) 당시의 이름은 "토틀리우스"였다. 용맹하고 슬기롭게 일을 잘 처리하였으며 노후에 존경을 받으며 여생을 편안히 보냈다.

당시 많은 업무를 처리하면서 인간이 최선을 다하여 노력하면 반드시 하늘이 보답을 한다는 사실을 터득하여 알고 있었다. 하늘을 믿는 마음이 인간의 능력을 극대화시켰으며 당시 안OO은 자신의 능력의 96% 정도를 사용하여 임종 시에는 거의 기운이 남아있지 않았다.

엄청난 기운을 끌어 올 수 있는 기운 줄이 잠재되어 있으나 아직 이것을 찾아오지 못하고 있다. 수련으로 들어 다시 하늘을 만나면 이 기운 줄을 찾을 수 있을 것이다.

팔문원의 중심을 항상 마음속에 품고 다닐 것. 온 몸의 어디에도 기운이 '뭉치지 않도록 도인법으로 몸을 풀고 호흡으로 단전에 축기한 후 팔문원의 중심으로 뛰어들 것. 뛰어든 이후 그 곳에 무엇이 있는지 잘 분석해 볼 것.

아내인 최OO와는 전생에 인연은 없다. 금생에 처음 만났으며 하늘을 알았을 때의 파장이 동일하여 부부의 연이 되었다.

수선재의 천수체들은 전생에 무엇을 하였는지가 중요한 것이 아니라 금생에 무엇을 할 것인가가 중요한 것이다. 이미 하늘을 알고 난 이후의 과정이므로 전생의 경력과 무관하게 하늘을 향한 모든 길은 열려 있는 것이며 이 길을 통하여 목표를 달성할 수 있는 것이다.

천수체의 특권은 자신이 스스로 하늘이 될 수 있음이며 하늘이 됨으로 인하여 조물주의 반열에서 진정 자신의 일을 찾을 수 있음이다. 천수체란 왕실의 성골과 같은 신분이며 범인과는 확실히 구별되는 유전인자를 가지고 있는 것이니 이것을 발아시켜 본래의 자신을 찾고 이것에 더하여 승급을 하고자 지상에서 공부를 하는 것이다.

전생에 어떠한 과정을 거쳤는가 하는 것보다 금생에 무엇을 할 것인가가 더욱 중요한 것이다. 전생은 예전에 보았던 책을 다시 한 번 보는 것과 같으며 금생의 결과는 금생의 시험문제들로 결정되는 것이다.

천수체의 조건은 하늘의 파장을 이미 알고 있음이며 하늘을 알았다는 것은 전에 한 번 하늘을 느꼈음을 말함이다. 따라서 금생에 하늘과의 거리는 전원이 동등하며 앞으로의 결과는 기존의 모든 조건을 탈피하여 금생의 수련으로 결정되는 것이다.

동일한 출발선에 서 있음을 인식하고 금생에 마무리 지을 수 있도록 하라. 여러 번 태어났음이 자랑이 아님을 알라. 재수 삼수가 좋은 것은 아니며 하늘은 한 번에 모든 과정에 통과하여 합격한 사람에게 높은 등급을 부여한다.

모든 수련생들에게 기회는 동등하다. 분발하도록 하라.

2. 부인 : 최00

전생은 3천여 년 전 중국 서 남방 베트남 가까이에서 농업을 하였다. 평화로운 가운데 끝없이 넓은 들판에서 농업을 하였으며 당시 특별한 일은 없었다. 일을 하면서도 항상 하늘을 바라보면서 감사드림이 인연의 단초를 제공하였다.

직업은 수련을 열심히 할 수 있도록 자신을 개발하는 일 중의 일부이다. 직업을 가지고 수련하는 것이 직업이 없이 수련하는 것보다 나으며, 직업이 없을 때는 직업이 있는 주변의 수련생에게 전력을 다하여 밀어줄 수 있어야 한다.

직업은 자신을 진화시키기 위한 공부를 함에 있어 가장 좋은 도구이기도 한 것이다. 직업을 갖는 것이 좋다. 능력은 충분하니 자신감을 가지고 해볼 것.

금생에 끝까지 갈 수 있다. 자신감으로 수련한다면 갈 수 있다. 하지만 끝까지 간다함은 최선을 다함을 전제로 한 것이다. 대충 수련한다고 해도 갈 수 있는 것은 아니며 열심히 노력을 하여야 하는 것이다.

움직이려 하지 않음이 단점이다. 몸이 움직인다고 움직이는 것이 아니며, 마음이 움직여야 움직이는 것이다. 마음이 움직임은 반드시 몸으로 나타나도록 되어 있으며 그 결과가 나오도록 되어 있다.

움직임을 일상화할 것. 생각을 하면서 매일을 보내고 이 생각이 행동화할 수 있도록 할 것. 움직이지 않음이 단점이나 이것을 움직임으로 바꾼다면 행운을 불러올 수 있다.

딸의 수련인연은 중급이상이다. 노력하면 상급으로 상승할 수 있다. 노력이라 함은 딸에게 엄하고도 강력한 수련 환경을 제공하는 것이다. 천수체의 포자는 강력한 의지에 의해서만이 발아될 수 있다.

부부 수련생의 경우 그 자녀는 이미 마음의 풍족함과 여유를 부여받고 있다. 넘치도록 행복한 파장이 주변을 에워싸고 있으므로 오히려 수련에 대한 의지를 갖기가 어려운 환경이다.

따라서 천수체의 자녀들이 자신의 DNA의 잠재적 우수성을 개발하려면 엄한 가성 및 수련 교육은 필수이다. 과다한 보호와 넘치는 애정의 표현은 금물이며 혼자 있는 시간을 많이 갖도록 도와줄 것을 요한다.

영(靈)은 자기 자신과 대화하는 혼자 있는 시간을 통해서만이 발아하는 씨앗이며 평등한 주변 사람들(친구 및 도반)과의 부딪힘은 진화의 욕구를 강화시켜주는 명약이다. 명심할 것. 모든 부부 수련생들에게 해당되는 내용이다.

지상에서 수련생으로 만난 인연 (이OO, 이OO)

1. 부인 : 이OO

전생은 로린성의 성주(星主)로 선계 0등급이다. 지구에서 정남향으로 500억 광년 거리의 지평선 아래 약 30도 정도에 위치하므로 보이지 않는다.

이 별은 선계의 기운이 지나가는 길목에서 방향을 결정해 주는 역할을 하는 별로서 다수의 선인들이 임무를 수행하고 있다. 이 별에서 지구로 내려오는 기운의 량을 조절할 수 있다.

당시 이OO는 이 별로 들어오는 우주 기운의 일부를 담당하고 있었으며 이 역할이 금생에 도움이 되고 있다. 수련 인연은 98점으로서 금생에 마무리가 가능하다.

속도가 빠른 것이 장점이자 단점이다. 수련법은 매일 도인법을 15분 정도 한 후 호흡을 하되 가급적 천천히 하도록 할 것. 한 호흡이 최소한 40초에서 1분가량 될 수 있도록 길게 한 후 이 장호흡을 유지할 수 있는 데까지 해볼 것. 이 호흡을 익히고 나면 많은 파장이 가라앉아 다음 수련이 편하게 될 것이다.

대인이다. 대인이되 여성이므로 많은 것을 참고 있다. 허나 하고 싶은 일은 하여야 하는 성격이다. 성취 정도는 하고 싶으냐, 아니냐하는 본인의 의사에 달려 있다고 할 수 있다.

수선재에서는 어떠한 일이든지 할 수 있다. 기운이 좋고 적응이 빨라 새로운 일을 함에 적합하다. 즉 해외나 국내 지부 개척 시에 아주 적합한 기운이다.

어떠한 일이든지 파악과 실천이 빠르다. 허나 뒤를 살피면서 나가면 좋을 것이다. 인간적인 원만함에 약간만 노력한다면 지도자 감이다.

원래 주장이 확실하므로 독선이 심하고 아집이 있어 하고자 하는 일이면 모두 하여야 하는 성격이므로 최선을 다하고도 오히려 타인들의 불평을 듣는 결과가 생기는 것이다.

성격이 착하여 바른 방향으로 나가는 것이나 성급함이 문제가 되는 것이므로 한발지국 물러서면 모든 일이 풀린다. 금생에 마무리하는 것이 급하다고 생각하여 그런 것이나 그렇게 급한 것이 아니니 너무 성급히 생각지 말 것. 시간은 충분하다.

2. 남편 : 이00

전생은 요인성의 주민이다. 자정 무렵 직상향에서 정확히 동남향으로 13도

정도 기울어진 곳의 800억 광년 떨어진 곳에 있는 왕융 성단 내 0등급 별.

온화한 기운을 가진 별로서 수련을 하는 주민들이 많이 있다. 왕융 성단은 약 80만 개의 별로 이루어진 자그마한 성단으로서 이 중에는 생물 성이 5개 있다.

당시 상당한 수련을 하였으나 한 순간의 실수로 모든 공력을 잃었다. 고수가 단전을 장시간 놓치는 실수는 있을 수 없는 것으로서 폐공(廢功: 수련 성과를 강제로 회수 당함) 당하게 되었다.

단전을 놓친 이유는 집중력과 수련으로 뚫고 나가고자 하는 의지 부족이었으며, 이러한 이유로 지구의 시간으로 수만 년간의 기간을 허송하였다.

허나 그 전의 수련 결과가 결집된 부분이 있어 금생에 수련에 인연이 되었다. 종전에 했던 기운이 산기 되어 있다가 결집되는 차 지상에서 수련 인연이 되었다. 초기에는 인연 지수가 80점이었으나 점차 향상되고 있는 중이다.

이00와의 전생의 인연은 없다. 지상에서 함께 수련을 할 수 있는 수련생으로서 이00를 만난 것은 우주의 관심과 본인의 기운 덕분이다. 금생에 이00로부터 지원을 받아 기존의 공력을 복구할 것이며 선인이 되면 이00를 도와 할 일이 있다. 선인이 되고 나면 바로 향천하여 사명을 받는다.

기존의 자신을 찾으면 금방 수련을 할 수 있음이 장점이나 찾지 못하면 금생을 방황하면서 보낼 것이다.

수선재를 찾지 못하였으면 깨칠 수 있는 마땅한 수련 단체가 없었을 것이다. 이OO은 수선재의 기운만이 깨이게 할 수 있다. 단전강화수련에 최선을 다할 것. 도인법을 하고 단전강화수련을 매일 30분 정도 하면 좋다.

아들 이OO은 86% 정도로 수련 인연이 있다. 건강은 본인의 의지를 찾아 주어야 한다. 본인의 의지를 길러주는 방법은 강력한 훈련이다. 방법은 사지(四肢)의 기운을 운동으로 증강시켜 주는 것이다.

수선재에서의 역할은 해외에서나 국내에서의 지부 개척도 가하며, 수련하는 도반들을 관리하는 일도 적합하다. 본인의 마음이 내킬 때 선택하도록 할 것.

이OO은 단전을 놓침으로써 약한 것처럼 보이는 것이며, 까다로움의 개선과 의지의 강화는 금생에 반드시 극복해야 할 과제이다. 이OO와 인연이 된 것은 나름대로 전생에 많은 선행을 한 탓이다. 일가족이 좋은 인연이 될 수 있도록 상호 노력하도록 하라.

신선사상을 같이 공부했던 인연 (김OO, 박OO)

1. 이 부부의 전생과 전생의 인연, 수련인연은 어떤지요?

김OO은 고려 초 장군이었다. 신라 말 화랑의 후예로서 현재의 경북 북부 지방에서 상당한 영향력을 갖춘 군인으로서 인근에서 명망이 높았다. 많은 사람들을 개화시키고 배움을 공유함으로써 김의 주변 사람들까지도 유식한 사람이 많았다.

당시 인간의 능력으로 한계를 느끼던 사람들이 모인 모임을 이끌었으며 나중에 하나의 종교적 이론으로 발전할 단계에서 마무리를 못하고 향천함으로써 중도에 그만두게 되었다.

신선사상에 대하여 나름대로 연구하여 맥을 갖고 있었으나 결론을 맺지 못하였으며, 본인의 염원이 금생에 수련에 인연이 되었다.

박OO은 당시 김의 일을 주변에서 돌보아 주던 가문의 딸이었으며, 귀족가문의 여성으로서 당시로서는 나름대로 개화된 사상을 가진 여성이었다. 실리적인 학문을 추구하여 신선사상 등에 대하여 비교적 믿음이 희박하였으나 김을 알면서 기초교리에 대한 부분을 알고 난 후 도의 길에 대한 확신을 갖게 되었다.

이러한 인연이 금생에 부부로 태어나 수련의 길에 들게 하였다.

2. 수련법

수련이란 가장 높은 단계에서는 생활이 수련이고 수련이 생활인 것이다. 수련과 생활이 두개가 아니고 하나인 것이며, 따라서 모든 것이 수련이고 모든 것이 생활인 것이다.

즉 평소 생활을 하면서 수련을 하는 것이 가장 좋은 방법이다. 이렇게 되기 위해서는 항시 모든 것이 시험이고 모든 것이 수련임을 명심하여야 하며 어떠한 결정을 할 때 심호흡을 한 후 팔문원을 의념하고 그 결정을 받아 시행하도록 하여야 한다.

항시 팔문원을 의념하고 호흡은 잔잔하고 부드럽게 하되 단전에 의식을 집중할 것. 부부가 모두 들숨 6.5, 날숨 3.5로 할 것.

3. 앞으로의 진로는 어떻게 하면 좋은지요?

하늘의 뜻을 폄에 있어 사심이 없다면 하늘 일을 하는 것이 평생 가능할 것이요, 그렇지 않다면 단기간에 사명이 종료될 수도 있다. 항상 하늘의 기준에 적합하도록 의념하고 행동한다면 수련과 수련을 펴는 일이 가능할 것이다.

인간의 내부에는 항시 결정되지 않은 부분이 있으니 이 부분을 어떻게 진화시켜 나갈 것인가에 따라 선계 일을 할 수 있는 기간이 정해질 것이다.

4. 수선대의 사업은 앞으로 어떻게 펼쳐나가면 좋은지요?

인간의 기준으로 생각하지 말고 하늘의 기준으로 생각하며 모든 사람들에게 공동으로 도움이 될 수 있는 방법이 무엇인가를 생각할 것.

우선 천수체(수련생들)에게 전체적으로 이로운 방법인가 생각하고 그 다음 지수체에게도 도움이 될 수 있는 방법인가를 생각하여 결정하면 된다. 그러한 기준으로 검토해 보고 나서 다시 논의할 것.

5. 큰아들 부부가 결혼 4년차인데 아직 자녀가 없습니다.

자녀의 생산능력이 부족한 대신 다른 에너지가 있다. 본인의 내부에 다른 잠재력이 있을 경우 그러한 현상이 발생할 수 있으며, 다른 면에서는 부족함이 없으니 당분간 너무 깊이 생각지 말 것. 좀 시간이 지나면 자녀가 있을 수 있다. 평범한 부모의 틀에서 벗어나 대범하게 생각한다면 그 시간이 단축될 수 있다.

큰아들은 고려 말 선비였다. 당시 공부를 많이 하였으나 평범하게 생활하였으며, 속에서 그 뜻을 펴지는 않았다. 며느리와의 특별한 인연은 없는 상태이다.

6. 현재 미국 뉴저지 지부에 나갈 예정인 작은아들(OO 수사)의 전생은 무엇인지요? 전공은 토목이며 머리도 좋고, 컴퓨터와 글에도 소질이 있는데 무슨 영문인지 아직 이렇다할 두각을 나타내지 못하고 있습니다. 그 이유는 무엇인지요?

모든 것을 둥글게 생각하고 있으며, 따라서 두각을 나타내지 못하고 있다. 두각은 이 중에서 기운이 뻗치는 방향으로 나타나는 것인바 기운이 뻗치지 않고 안으로 수그러들어 있으므로 그러한 것이다.

자신이 무엇을 어떻게 해야 할지를 알지 못함으로 인하여 돌파력이 없는 것이다. 뉴저지로 나가면서 자신의 역량을 펼 수 있도록 주변에서 지원할 것.

우선은 유능한 지도자가 되는 것을 목표로 하되 틈틈이 글을 쓰는 일을 게을리 하지 말 것. 매일 잠들기 전 한 시간 정도는 일기를 쓰도록 할 것. 그 안에서 길을 발견할 수 있을 것이다.

결혼인연은 아직 2~3년 더 기다릴 것. 수련인연은 끝까지 가능하니 노력할 것. 그냥 되는 것은 없다.

수련법은 미국에 있더라도 항상 수선대의 방향을 의념하고 호흡을 할 것이며 자신의 기운을 단전에 충실하게 모아서 사용할 수 있도록 할 것. 들숨 6, 날숨 4로 하되 00선인의 기운을 받는다고 의념하고 수련할 것.

두 아들은 부모와 전생의 인연은 없으나 파장으로 연결되어 금생에 인연이 된 것이다. 아주 소중한 인연이니 귀하게 가꾸어 나갈 수 있도록 할 것.

00은 신라 말 화랑으로서 무술 수련을 하였다. 허나 다른 사람으로부터 배우기보다는 혼자서 무술을 익히는 경우가 많아 폭넓은 교류기회를 가지지는 않았다.

다양한 수련을 충실히 하였으며, 나름대로 자신의 길을 알았다고 생각하여 자신에 대하여 항상 자신감을 가지고 생활하였으나 노후에 보니 자신에 대하여는 물론 하늘에 대하여도 아는 바가 없으므로 자신감을 많이 상실하였다.

그러나 답은 항상 하늘이 가지고 있음에 대하여 느낀 바가 있어 하늘의 가르침을 알 수 있기를 염원하면서 향천한 것이 금생에 수선재에 인연이 되었다.

전생에 맺어지지 못한 인연 (전○○, 임○○)

1. 부인 : 전○○

전생은 신라 말 대갓집 마나님이었다. 처녀 적부터 온화하고 덕성이 있어 주변에서 맏며느리로 생각하며 욕심을 내었으며, 형편이 어렵던 시댁으로 시집가서 그 댁의 살림을 일구어 대갓집으로 만들어놓았다. 여성이 집에 있으면서 본인의 힘으로 재산을 일군 경우이며, 이러한 경우는 흔치 않다.

수련 인연은 86%이상이다. 금생이 수련을 마무리하는 생이 될 것이니 최선을 다할 것. 금생에 초인적인 인내를 요하는 선까지 간다. 하지만 그것이 누구도 얻을 수 없는 기회임을 명심할 것. 수련에 들었을 경우 수련이 아닌 것이 없다.

장점은 인내력이다. 다른 사람보다 상당한 인내력을 가지고 있다. 이 인내력으로 자신을 찾아 들어간다면 결국은 본성을 만날 수 있다.

수련 시 현재는 밖을 향하고 있는 자신을 찾는 시각을 안으로 돌릴 것. 외부에서 자신을 찾지 말고 내부에서 자신을 찾을 것. 나의 문제에 대한 해결은 모든 것이 나로부터 풀린다.

수련은 현재의 방법으로 하되 마음의 눈을 단전으로 돌릴 것. 지금은 밖을 향한 마음이 75%, 자신의 내부를 향한 마음이 25%이나 자신의 내부를 향한 마음이 60%이상이 될 때 수련의 다른 경지를 알게 될 것이다.

남편인 임OO는 당시 인근에 살며 서로 알고 지내던 사이였다. 전OO는 모든 총각들의 흠모의 대상이었으며 남편 역시 전을 좋아하던 사람이었으나 당시에 맺어지지 못하였던 것이 금생에 인연이 된 것이다.

임OO의 떡집은 아직은 전직의 기회가 아니다. 전직을 한다고 하여도 조금 더 있다가 판단하여야 한다. 자신이 생기는 분야가 있을 때 다시 문의할 것.

모든 것이 자신을 떠나갈 때는 더욱 애달픈 마음이 드는 법이다. 돈이 떠나려 할 때 더 많은 돈 공부가 오는 것이다. 전생에 많이 벌기는 하였으나 미진한 부분이 마음에 남아 금생에서 수련의 화두가 되고 있는 것이다.

피하거나 잊어버리는 것이 비우는 것이 아니라 집착에서 벗어나는 것이 비우는 것이며 따라서 금생에 많이 벌고 좋은 곳에 많이 쓰는 것은 당연히 해야 할 바인 것이다. 열심히 노력할 것.

어떠한 결과가 나오든 분석하고 목표를 달성하기 위하여 노력한다면 그 과정에서 많은 공부가 될 것이다.

자신의 전생에서 자신감을 찾아 노력한다면 금생에 원하는 모든 것을 이룰 것이다. 그 과정에서 피나는 의지와 인내는 감수해야 하는 과제인 것이다.

2. 남편 : 임○○

− 전생에 어떤 인연으로 인해 현재 이 같은 수련의 길로 들게 되었는지?

"임"의 경우 수련에 대하여는 별 인연이 없었으나 금생에 처와의 인연으로 인하여 본격적으로 수련에 인연이 되어 진화의 길을 열었다.

아내란 도반의 의미와 함께 할 때 온전한 의미를 가지는 것이며, 역행하는 경우 수련에 드는 힘이 배가되는 동시에 상대방으로서는 불행해 지는 경우가 많다.

허나 "임"의 경우와 같이 부부가 동시에 도반으로서의 길을 걷는다면 금생에 마무리할 수 있는 가능성이 한결 높아지게 되는 것이다.

전생에 신라 말 중부 지역에서 농업에 종사하면서 주변 사람들을 골려주는 장난을 하면서 지냈다. 선한 인간성에 대하여는 의심의 여지가 없었으나 장난이 심한 편이라 파장이 떠 있어 깊이 있게 자신을 관조할 여유가 없었다. 모든 인연은 아내로부터 시작되었으니 아내에게 감사하라.

− 향후 수선재에 주인의식을 가지고 일을 하고 싶은데, 그 전 기간 동안 일과 수련을 동시에 할 수 있는 생업으로서의 어떤 일이 저에게 적당한 일인지?

수련을 시작하지 않았다면 자신에게 적합한 일이 일상 속에서 나올 것이나 수련을 시작하여 수사반까지 진행되었다면 스스로 자신의 길을 찾을 수 있을 것이다.

재주는 금속 쪽으로 트여 있으나 자신이 가고 싶은 길은 그 길과 다를 수 있다. 수련 중 자신의 진로를 화두로 들고 정진해 보라. 자신이 가야 할 길이 보일 것이다.

길이 보이면 먼저 아내와 상의하고 나중에 스승이 어떠한 답을 내릴 것인가 스스로 생각해서 답을 구하고 그 다음 가까운 선배도반들과 상의해서 답을 구하라. 자신의 진로를 찾아 풀어내는 과정이 임에게는 금생에 부여된 과제이니라.

− 두 딸의 수련인연

부부가 수련인연이 있거늘 자녀들이 어찌 수련인연이 없을 것인가. 인연이 없어도 있도록 해야 할 것이다. 두 딸까지도 금생의 진화를 마무리할 수 있도록 하라. 일가족 모두 가능하다.

전생에 남편을 흠모하였던 인연 (나00, 박00)

1. 남편 : 나00

전생은 고려 중엽 충남과 전남북 지역을 오가는 대상(大商)이었다. 자신의 휘하에 수십 명의 일꾼을 두고 각 지역에 거점을 확보하여 각종 물건을 중개하는 거간꾼으로서 엄청난 부를 축적하였다.

모든 일에 중용을 지켜 누구로부터도 비난의 소지를 들을 일이 없었으며, 이러한 행실이 많은 사람들의 동조를 받게 하여 부를 축적하는 원인이 되었다.

아내 박00은 당시 상무(商務)를 처리하던 중간 관리 직원으로서 원만한 성품으로 주변 사람들과 두루 좋은 인간관계를 맺고 있었으며, 주인이었던 나00를 흠모하여 금생에 인연이 되었다.

하늘을 알게 된 것은 자신의 능력으로는 불가능한 것으로 알았던 부를 축적한 것에 대하여 이것이 무엇 때문인가 하는 의문을 가지게 되면서부터이다.

당시 하늘이 옆에 있게 된 이유는 나00의 마음이 확실히 중심이 잡혀 있어 그 자체로 만사를 판단할 수 있었기 때문이다.

현재의 수련 인연은 80%이다. 지금처럼 수련한다면 금생에 80%까지밖에 갈 수 없으나 더욱 박차를 가한다면 금생에 목표 달성이 가하다.

어디로도 기운이 나가거나 들어오는 것이 적다. 이 적은 기운의 움직임은 사람을 정체시키는 경우가 있으며 이것이 동중정(動中靜)으로 비추어지어 수련 단계가 올라간 것으로 보일 수 있으나 그것과 이것은 다르다.

먼저 단전으로 들어가고 나가는 기운의 량을 측정해 볼 것. 아주 적은 량의 기운이 드나들고 있을 것이니 백회로부터 기운을 받아들여 단전에 채우는 호흡을 하되 기운 줄이 손목 굵기 정도가 될 때까지 수련할 것.

현재는 볼펜 심 정도의 굵기이나 이 정도로는 어렵다. 종국에는 온 몸의 기운 줄이 손목 굵기 정도 되어야 하는 것이니 우선은 기운이 들어오는 길목만이라도 굵어야 하는 것이다.

이 줄을 굵게 한 연후에 다른 수련을 할 것.(의념으로 가능하며, 앉는 시간과 타인들을 위하는 마음가짐에 비례하여 향상될 것임)

이렇게 된 이유는 자신만을 위하는 마음 때문이다. 자신만을 위함은 자신이 발전할 수 있을 것 같으나 주변의 타인들이 발전하지 못함으로 자신도 디디고 살 땅이 좁아지게 된다. 금생에 아내가 함께 수련 인연이 되었음은 너무나 다행스런 일이라고 할 수 있다.

수련과 일은 양자가 공히 동일한 비중이다. 수련과 일이 별도로 존재하는 것이 아니며 일도 수련이고 수련도 일인 것이니 양자를 동일하게 생각하고 할 것. 일이 안 되면 수련이 안 될 것이며 수련이 안 되면 일이 안 될 것이니 어느 일을 하던 최선을 다한다고 생각하면 될 것이다.

지부장이란 직책은 큰일을 할 수 있는 자리이니 자신을 바쳐보면 그 크기를 알 수 있을 것이다.

2. 부인 : 박OO

수련 인연은 상급이다. 이만한 인연이 드물다. 93점 이상이니 반드시 금생에 마무리할 수 있도록 할 것. 수련 시 모든 것을 잊어버리는 훈련을 할 것.

모든 것을 잊기 위해서는 모든 것을 한 번은 겪어 넘겨야 하는 것이니 겪어 넘김에 있어 어떠한 방법을 취하는 가에 따라 버려지기도 하고 다시 잠재하기도 하는 것이다. 호흡을 하면서 모든 과정을 생각해보고 과연 자신이 끝까지 집착해야 할 것이 있는지 검토 해 볼 것.

수련이 진전되어 나가면서 끝까지 집착해야 할 것이 점차 덜어질 것이다. 점차 덜어지는 것은 서둘러서 될 일은 아니니 호흡 속에서 점차적으로 덜어질 수 있도록 할 것. 호흡과 더불어 항상 자신의 버려야 할 것을 생각한다면 자신의 인연을 살릴 수 있을 것이다.

좋은 인연을 가지고 태어났음이 장점이요, 이 인연을 살리기 힘겨움이 단점이니 수련으로 가기에는 너무 좋은 인연이다. 꾸준함으로 갈 수 있도록 할 것.

금생에 자신의 사명은 수련이다. 자신이 수련을 열심히 한다면 주변의 모든 것이 점차 풀릴 수 있을 것이다. 수련으로 끝을 볼 것.

가능하다.

자녀들의 수련 인연은 아직 50점대이다. 할 수도 있고 안할 수도 있으니 부모의 역할에 따를 것이다. 자녀들과 부모(나OO, 박OO)와는 아주 깊은 인연은 아니니 독립적인 길을 갈 수 있을 때까지 키워주면 된다. 수련에 든 이상 자녀도 마침내는 버려야 할 인연이니 가벼이 생각할 것.

모든 것이 공부이나 건강식품 판매업은 수련을 하기에는 아주 좋은 직업이다. 음양과 오행을 연구하면서 인체와의 관계를 밝혀낸다면 본인의 상표로 개발도 가능할 것이다. 아주 좋은 직업이며, 적성 여부를 떠나서 반드시 하여야 하고 성공하여야 하는 직업이다.

친정 부모형제간의 공부는 업이다. 업이란 남에게 갚아야 할 업이 있으며 내가 받아야 할 업이 있는바 이 모든 것을 털고 넘어갈 수 있는 것이 가장 좋은 것이다. 털어 넘긴다고 생각할 것. 그 정도의 업은 많은 중생들이 가지고 있는 것이다.

황씨 3형제

1. 맏형 : 황OO

전생은 조선 초 경북 북부 지방에서 태어나 농부로서 일생을 살았다. 당시 평범한 일상을 보내면서도 온유한 성격으로 인근 사람들이 든든하게 생각하였다.

하늘이 무엇인가를 알지는 못하면서도 하늘에 대한 근본적인 믿음이 있었으며, 이 믿음이 항상 뒷받침이 되어 정신적으로 건강하게 일생을 보낸 바 있다. 이 믿음이 사후 수련으로 인도한 기초가 되었다.

평소 하던 대로하면 금생에 90%까지 가능하며, 최선을 다한다면 완성이 가능하다. 최선을 다하는 것이 우주가 되는 지름길이다. 현 단계에서의 수련법은 아직 흔들리고 있는 자신의 마음을 단전에 잡아매는 것에서 시작하여야 한다. 마음을 잡아매고 나면 다음 수련으로 들어간다.

수선재의 기둥 중 일부가 되어야 한다. 아직은 미약하나 점차 자신이 할 일이 있을 것이며, 이 일을 열심히 하다 보면 본격적인 수련에 인연이 되고 금생에 모든 것을 벗을 수 있을 것이다. 일단 현재의 일에 전념할 것.

후에 사회에서 일을 찾아보려면 본인의 적성은 예술적인 면이 있으나 생활과는 무관하므로 실지로 자신의 생활에 도움이 되는 것은 건축 분야이다. 건축 분야 중 인테리어 계통이 자신과 인연이 있으니 잘 검토해 보도록 할 것.

결혼 인연은 아직은 아니다. 2-3년 기다려보면 답이 나올 것이니 그 때까지는 그냥 있어볼 것.

인간이란 절대 간단하지 않다. 복잡한 것 중에서도 복잡한 것이니 이 인간의 복잡성을 어찌 간단히 말할 수 있을 것인가? 황의 경우 그 복잡성이 다른 사람의 경우보다 약간 더하여 그림이 간단치 않다.

이 복잡함은 속(俗)에서 이용하려면 편리하나, 수련 시에는 지장을 초래할 수 있다. 스스로 복잡함에서 벗어날 수 있도록 할 것.

2. 둘째 : 황○○

전생은 조선 중기 충남 지역에서 술을 좋아하는 부잣집 아들이었다. 배가 많이 나오고 대머리에 술병을 든 채 천하태평으로 앉아 있는 사람을 상상하면 될 것이다. 당시에 재산이 귀한 것을 모르고 펑펑 쓰기를 좋아하였다.

당시 술을 마시다가 하늘을 쳐다보자 갑자기 하늘에 구멍이 뚫어지면서 커다란 구멍이 보이고, 이 구멍을 통하여 또 다른 하늘을 보았는바 이것이 바로 우주였다. 이때의 우주는 황을 너무 두려움에 떨게 만들었다.

이 후 술에 취하였을 때 보았던 하늘이 두려워 술을 먹지 못하고 고민을 거듭하여 세월을 보내다가 나중에는 바짝 마른 몸으로 향천하였다. 당시의 고민은 "저 하늘과 친해질 수 있는 방법은 무엇일까? 어쩌면 하늘을 무서워하지 않고 살 수 있을까?"였으며 이러한 하늘에 대한 고민이 금생에 수련에 인연이 되도록 하였다.

금생의 수련 인연은 상급으로 87%이상이다. 금생에 수련을 완성시키지 못하면 끝없는 나락으로 떨어져 앞으로 수십만 년간 기회가 없을 것이다.

앞으로의 진로는 번잡스럽지 않은 길을 걸으며 자신을 가다듬고 수련을 하는 것이 좋다. 번잡스럽지 않으려면 자신이 사장이 되는 것보다는 공무원 등 관리직이 좋으며 분야별로 한정된 업무를 하는 것이 좋다. 복잡한 것보다는 비교적 단순한 것이 좋으며 자신을 특화시키고 그 일에 대한 전문가가 되도록 할 것.

많은 에너지를 가지고 있다. 이 에너지가 아직 방향을 찾지 못하고 있으며 이 에너지를 찾아 분출할 수 있는 방향을 찾기만 한다면 제트엔진과 같은 추진력이 나올 것이다.

자신의 내부에 엄청난 에너지를 가지고 있는 것이 장점이나 이 기운의 실체를 느끼지 못하는 것이 단점이다. 상당한 에너지가 있으니 이것을 찾는 길은 자신에 대한 탐구를 계속하는 일이다. 에너지의 끈을 잡는 날 많은 것이 바뀔 것이다.

자신의 기운을 통제할 수 있는 열쇠가 수련에 있다. 길들여지지 않은 황소 같은 면이 있으니 이 기운을 정향(正向)으로 사용할 것. 정향은 지금은 단전으로 자신의 내부를 찾아 들어가는 것이다. 도인법을 하고 나서 가만히 앉아 단전만을 의념하면 보이는 것이 있을 것이다. 몸 관리를 잘하고 시간만 나면 단전을 집중할 것.

결혼은 아직 조금(1-2년) 더 기다릴 것. 사람이 오면 적극적으로 움직일 것. 활동적인 여성보다는 조용하면서 자신의 일을 할 수 있는 여성이 좋다.

3. 막내 : 황OO

* 막내 황OO의 명부는 『천서』 2권에 실려 있는 명부6 '자연과 더불어 대화하던 나무꾼' 입니다.

(황씨 3형제의 공통사항)

황씨 3형제의 공통된 성격은 끈기가 없고 미온적인 것이다. 이렇게 된 원인은 원래 좁은 면을 바라보면서 왔던 것이므로 약간의 노력으로 성취하는 바가 있어 급한 것이 없이 살아왔기 때문이다.

그러나 수련은 그러한 것이 아니며, 전반적인 것을 바라보면서 가는 것이다. 전반적인 것이라 함은 앞과 뒤, 양 옆과 위, 아래를 함께 바라보면서 가는 것이다. 이러한 관법(觀法)은 쉬운 것이 아니나 수련생으로서는 일견 당연한 것이니 기본적으로 하여야 하는 것 중의 하나인 것이다. 평상시 자신들에 대한 감시와 노력을 게을리 하지 말고 지낼 것.

항상 성격을 밝게 갖도록 노력할 것이며, 이 밝음이 유지될 수 있도록 할 것. 밝음은 그 자체로서 우주이다. 우주란 그 자체가 빛이며, 이 빛이 모든 것의 조화를 이룰 수 있도록 하는 것이다.

한 가지, 한 가지를 행함에 있어 항상 밝은 마음으로 행한다면 그것이 바로 우주인 것이니 수련에 드는 첩경인 것이다.

잠시 스쳐 지난 인연이 자매로

1. 언니 : 김OO

전생은 고려 말 충청도 지방의 대가 댁에서 태어나 인근에서 신망이 있는 남편을 만나 결혼생활을 하면서 1남 1녀를 두는 등 나름대로 부귀영화를 누렸다.

중년까지 그런대로 자신에게 만족하면서 생활하였으나 중년 이후 마음속에 무엇인가 채울 수 없는 부분이 존재하기 시작하였다. 공허감이 커지면서 생활에서 만족을 느끼지 못하게 되었다.

과연 내가 이렇게 살아서 금생에 무엇을 하였다고 할 것인가에 대한 초조감은 김의 마음을 점차 공허하게 하였으며, 이후 마음의 빈 곳을 추스르지 못하고 생활하다가 향천하였다.

당시의 공허함은 하늘만이 메울 수 있는 것이었으나 하늘이 존재함에 대한 인식이 부족한 나머지 하늘의 존재를 향천하면서야 알게 되었던 것이다. 이러한 인연이 금생에 수련에 들도록 하였다.

부모님과 남동생은 아직까지 수련에 있어서 70-75점 정도의 인연이 있다. 김의 수련으로 인한 변화 여부는 주변의 여러 사람에게 수련의 길을 열어줄 것이다.

관심은 많으나 전격적으로 뛰어들어 집중적으로 성취하는 노력이 부족하다. 전념하지 않으므로 인하여 아직까지 마음속에 빈 곳을 많이 가지고 있었으나 이제 마음자리를 찾은 이상은 전념하여야 한다.
전념하지 않고서는 어느 것도 이룰 수 없으니 만큼 전념하는 습관을 들일 것. 수련에서 단전에 전념하는 것은 전념의 기초 단계이다.
수련의 기초로서 축기는 사회생활에서도 동일하게 적용되는 것이며, 축기의 단계를 완벽히 넘기고 나면 사회생활에서도 일이 풀리는 것을 알 수 있다. 허나 축기 과정을 확실히 하지 않으면 다른 일에서도 힘겨움을 많이 겪을 것이다.
우선 축기에 전념할 것. 축기의 기본은 의식이 단전에서 떠나지 않는 것이다. 절대로 단전에서 의식이 떠나지 않음이 1시간 이상 되면 무엇이든 할 수 있다.

디자이너로서의 자질은 중상이다. 허나 노력하기에 따라 상급까지 진출이 가능하다. 한복의 선을 편의 복이나 양장, 양복 등에 도입하는 연구를 하여 이를 보급하는 일을 하면 좋을 것이다. (개량 한복은 아니며 개량 편

의복, 양장, 양복을 말합니다)

현재로서는 디자인 이외에 할 일로서 특별히 정해진 것은 없다. 우선 한 가지에 전념할 것.

결혼 인연은 3-4년 더 있으면서 알아 볼 것. 지금 나타난다고 해도 당장 인연은 아닐 수 있으며, 그때 가서 결정될 것이다. 성급히 해결하려 하지 말 것.

이번 생에 해야 하는 공부는 수련이며, 수련을 통하여 세상을 보고 이 세상의 원리를 통하여 자신이 융화될 수 있도록 할 것.

수련이 일이고, 일이 수련이다. 수련을 통하여 전념하는 것을 배운 후 이 전념을 일에 투입하고 일에 투입하는 정성을 수련에 투입하면 이루지 못할 것이 없다.

3-4년 후에야 본인의 진가를 발휘할 수 있을 것이니 성급함은 금물이며 느긋하게 수련하면서 일에 매진해 볼 것.

2. 동생 : 김OO

전생은 고려 말 나름대로 주관이 형성된 주부였다. 당시의 주부들은 집안 일만 하는 것이 아니라 농업이나 상업의 보조적 지위에서 나름대로 자신의 역할을 하고 있었다.

가재도구를 팔면서 약간의 농업도 하는 남편의 일을 도와 집안을 일으키기 위하여 많은 노력을 하였으나 뜻대로 되지 않자 하늘을 원망하기도 하였다. 허나 나중에는 점차 하늘의 역할이 인간에게 자신의 길을 알 수 있도록 인도함에 있음을 인정하고 자신의 길을 갔다. 이러한 하늘에 대한 생각이 금생에 자신이 하늘과 동일체가 될 수 있는 수련에 인연이 되도록 하였다.

언니(김00)는 전생에 스쳐 지나던 인연이며, 당시 언니는 인근에서 주목 받던 낭자였으나 결혼 후 자신의 뜻대로 삶을 갖지 못하였다. 금생에는 서로 도와가면서 수련의 길을 가면 적지 않은 도움이 될 것이다.

집중력이 부족하다. 따라서 추진력이 충분치 않아 이제까지는 멀리가지 못하였다. 허나 이러한 점이 속세에서 다른 방향으로 나갈 수 있는 것을 막아준 것도 있으니 일견 도움이 된바가 있다.

수련방법은 우선 자신의 기본을 갈고 닦아 수련을 할 수 있는 자신을 만드는 것이다. 기운을 단전에 집중하고 집중한 단전의 기운을 이용하여 자신의 단전을 보다 크게 만들 것.

단전의 형성은 앞으로 지속되는 수련에 있어 가장 중요한 일이다. 단전의 형성이 제대로 되고 나면 그 다음 수련이 기다리고 있다. 들숨을 충분히 하고 나서 의식을 단전에 집중하고 약 5초 간 멈춘 후 날숨을 내쉰다. 들숨과 날숨의 비율은 6:4로 하되 호흡 중 단전을 놓치는 일이 없도록 할 것.

이 과정을 마치면 단전이 형성되니 단전 형성 이후의 수련은 선배들에게 배우면서 하면 될 것이다.

도서 출판 관련 업무가 적성에 어느 정도 맞을 것이다. 의지가 있으면 어떠한 일이든 잘 할 수 있으나 의지가 부족하면 사소한 일도 잘 할 수 없다. 단전이 형성되고 나면 자신의 일이 생각날 것이다.

결혼 시기는 아직은 때가 아니다. 자신을 만들기에 전념하여 자신이 만들어지고 나면 인연이 보일 것이다. 내가 세모이면 상대도 세모가 좋으며 내가 네모이면 상대도 네모인 것이 좋으나 아직 나의 형상이 정해지지 않았으므로 나의 형상을 만든 후 생각할 것.

이제부터가 중요하다. 단전이 형성되고 나면 수련이 완만한 상승세를 보일 것이다. 우선은 현재의 직책에 충실할 것.

수련이 어느 정도 진전되면 수선재에서 요긴하게 쓰일 수 있는 수련생이 될 것이다.

6

전생에서 이어지는 수련 2

명부1 전생에 못다 한 일

※ 전생이란 자신이 걸어온 길을 말하는 것이다. 어디서 출발하여 어디에서 쉬고 어떻게 왔는가에 대한 것이다. 이 결과에 따라 지금(금생) 무엇을 하여야 하고, 무엇을 구하려 노력하여야 하는 지가 결정되며, 이것을 알고 모르는 것은 인간의 진화에 있어 절대적인 영향을 미치는 것이다.

수련으로 일정 단계 이상 승급하게 되면 이러한 영향권에서 벗어나게 되는바 이것 역시 일정 단계의 고난을 겪고 난 후 구해지게 되는 것이다. 전생에 빚이 있다면 금생에 갚아야 하는 것이오, 전생에 빌려 준 것이 있다면 금생에 받을 것이 있는 것이다.

하지만 이러한 받을 것은 받는 빚이오, 줄 것은 줄 빚이니 아무 것도 없는 0(zero)의 상태가 가장 부담 없고 발전 가능한 상태인 것이다. 가장 완성된 균형은 0(zero)의 상태이며 어느 쪽으로도 기울어진 상태가 아닌 것이다.

주어야 할 것은 '주어야 하는 일이 있는 것' 이오, 받아야 할 것은 '받아야 할 일이 있는 것' 이니 줄 것과 받을 것이 모두 쉽지 않은 일임은 삼척동자도 아는 것이다.

전생을 살펴보는 것은 자신이 걸어오면서 어떠한 빚이 있는 가를 알아 그 것을 갚아나가는 과정에서의 힘겨움을 조금이라도 덜어보자는 것이며, 그 이상의 의미가 없는 것이라고 생각하는 것이 좋다.

잠깐의 글줄로 중요한 대강의 것을 알 수는 있어도 감추어진 모든 것을 알아낼 수는 없는 것이므로 깊은 곳에 감추어 진 것은 모든 수련생 스스로 수련으로 풀어볼 것을 권한다.

김OO

전생은 고려 중기 충남 천안 부근에서 식당을 운영하였다. 사람이 영리하고 잇속을 챙김에 소홀함이 없었으며, 사람이 많이 모여들어 꽤 큰 부를 이룩하였다.

인상이 너무 영리하게 보이므로 일면 깍쟁이처럼 생각될 수도 있었으나 자신이 이룩한 부를 이용하여 인근 사람들에게 남모르게 좋을 일을 하면서 살았다.

당시 김이 운영하던 식당에서 취급하던 육류 중에는 소와 닭은 물론 개도 있었으며, 김은 집에서 키우던 짐승들을 식용으로 이용함에 대하여 안타까움을 가지고 있었다.

그 안타까움이 금생에 동물들을 보살피는 수의사가 됨에 결정적인 역할을 하였다. 전생에 못다 한 일이란 바로 이 동물들에 대한 안타까움이며, 전생의 안타까움을 풀어보고자 금생의 직업을 선택하였으니 모든 것을 풀어볼 수 있는 삶이 된 것이다.

수련 인연은 상급이다. 금생에 모든 것을 끝낼 수 있도록 할 것.
안타까움을 털어 버리기 위해서는 현재의 직업에 충실하여야 한다. 모든 동물들이 하늘을 대신하고 있음을 알 것. 동물을 통하여 하늘을 느낀 후 자신의 내부에서 털어 내야 할 것들을 찾아볼 것. 동물들을 잘 보살피다 보면 많은 것들이 털어져 나감을 느낄 수 있을 것이다.
자신의 직업으로 업을 해소할 수 있는 경우이다. 바람직한 경우이며, 현재의 일을 열심히 정성껏 함으로써 수련도 함께 진행되어 나갈 수 있다. 자신의 직업에 충실하지 않는다면 수련 역시 정상대로 진행되지 않는 단점이 있다. 그러므로 수의사는 반드시 해야 할 일이다.
수선재에서의 역할은 명 수의사가 되어 많은 동물들을 잘 보살핀다면 그로 인한 경제적 여유가 생길 것이다. 이러한 여유로 수선재를 위하여 노력할 것. 자신의 직업에 충실함이 가장 중요한 일이며, 이로 인한 부수적인 역할을 하면 된다.

명부2 가까이 가지고 있는 변수

유00

전생은 신라 초기 영천 지방에서 농업을 하는 집안의 장녀였으며 맏며느리로 출가하였다. 장녀와 맏며느리 외에는 성에 차지 않는 배포 있는 여성이었으며 당시 집안의 모든 일을 혼자서 처리하다시피 하였다. 마음이 넉넉하고 사람들을 잘 다루어 주변 사람들이 잘 따랐다.

하늘과의 인연은 큰일을 한 사람이라면 당연한 것이다. 당시 농사를 하면서 천기를 중요시하였으며, 하늘을 누구보다도 소중히 생각하였다. 하늘은 하늘을 알아보는 사람들을 소중히 하는바 이것은 하늘이 원하는 바를 잘 알아들을 수 있는 사람이기 때문이다.

금생에 바람직스런 마무리가 가능하다.

향천하여 선인이 된다 함은 인간의 전생을 가진 사람이나 선인의 전생을 가진 사람이나 금생의 깨우침 정도에 따라 결정되는 것이다.

2학년 때 장학금을 수령하였다고 해서 3학년에서도 장학생이 되는 것이 아니며, 중학교에서 장학생이었다고 해서 고등학교에서도 장학생이 되지는 않는 것과 같다.

즉 모든 것은 반드시 결정되어 있는 것은 아니며, 조건이 좋다는 것은 그만큼 의무 또한 큼을 말해주는 것이다. 전생의 선인들이 지구에 내려와서 수련하는 것은 지구에서만이 있을 수 있는 변수 때문이다.

사람의 일이란 아무나 알 수 없다. 인간이기 때문에 많은 변수를 안고 있는 것이며, 이 변수로 인하여 발전 또한 있는 것이다. 기대할 수 있는 부분 역시 이 변수 탓이며, 망하는 것 역시 이 변수 탓이다. 변수란 수련생의 입장에서는 참으로 고맙고도 두려운 것이라고 할 수 있다.

수선재의 수련생들은 모두 이 변수를 잘 활용하도록 하라.

자신의 변수를 아주 가까이에 가지고 있다. 이 변수의 이용으로 현재의 자신을 벗어나 본래의 자신으로 돌아갈 것이다.

본래의 자신이란 본성으로서 우주와 동격이며 전생보다 더욱 중요한 것이니 누구나 자신의 내부에 간직한 본성을 찾음으로써 선인이 되는 것이다.

아직 이 변수를 적절히 사용치 못하고 있으나 수련으로 인하여 이 변수를 적절히 사용할 수 있게 되면 많은 진전이 있을 것이다.

혼인의 인연이란 본인에게 배필이 있는 것이다. 이 배필의 역할은 사람에 따라 다르다. 배필의 위치는 수련생의 입장에 따른 것이므로 각자가 자신의 인연법에 따라 받아들이는 방법 또한 다른 것이다. 멀찍이 떨어져서 지켜보는 사람이 있으나 아직 인연이 멀다. 좀 더 기다려 볼 것.

꽃과 더불어 하는 일이 좋다. 이 일이 아니라면 흙과 더불어 하는 일이 좋을 것이다. 원래 땅을 좋아하였으며, 이 땅을 좋아하는 일이 본인의 삶을 기름지게 할 것이다.

명부3 무심으로 생활하던 농군

신00

전생은 삼국시대 이전에 태어나서 농군으로 살았으나 20여세 초반에 병으로 향천하였다. 미혼인 상태로 향천하였으며 어린 나이임에도 상당히 오랜 기간 무심으로 생활을 한 적이 있었다.

이렇게 오랜 기간 무심으로 생활하는 것은 수련인의 입장에서도 어려운 일로서 아주 드문 일이다. 따라서 전생의 업은 없다.

당시 공부와의 인연은 없었으나 아주 가까이 선인이 있어 신00의 무심을 보고 장차 그릇이 될 가능성에 대하여 잠시 기대를 해보기는 하였으나 기간이 짧아 지도를 받지 못하고 말았다.

금생에도 역시 무심을 가지고는 있었으나 이 무심의 중심(空)이 아니고 虛을 비우고 생활하던 차 금생의 업보로 인하여 외부의 신(神)에게 자신의 무심을 **빼앗기는** 일이 생기면서 파장이 높아져 주변의 사람들에게 고도의 흥분상태를 일으키는 일이 일어나 그로 인한 피해를 자신이 겪어야 하는 악운이 거듭 발생하게 되었다.

이러한 일은 빙의가 되는 것과는 다르나 거의 비슷한 결과를 가져오게 된다.

수선재에 인연이 되고 나서 신00의 내부의 무심을 차지하였던 외부의 신(神)이 더 이상 자리를 차지하기 어려운 천기를 느끼자 발광을 하면서 일어나는 것이다. (작년 7월 이후 세 번의 교통사고)

수련에 들면서 모든 일이 정상 궤도로 돌아오는 중이라고 할 수 있다. 천기는 그 자체만으로 모든 것을 제자리로 돌려놓는 기운이 있다. 최선을 다하여야 금생에 마무리 할 수 있다.

가족은 모친의 경우 69점 이하이며 형제들은 인연이 있는 사람과 없는 사람이 있으나 가급적 인연이 되도록 하는 것이 좋다.

전생에 인연이 없어도 금생에 타인으로 인해 인연이 만들어지는 경우도 있으니 만큼 상호간에 천기와 연결이 된다면 가문의 발전에도 이로운 면이 있을 것이다.

수련의 인연을 만들어 주는 것은 맛있는 것을 나누어 먹는 것과 같아 금생의 업장을 해소함에 너무도 좋은 것이다.

자신의 주변이 열악함은 또한 자신의 기회이기도 한 것이니 모든 것을 받아들이고 수련에 전념할 것. 더 이상 망설일 시간이 없다. 금생이 바로 최선을 다할 수 있는 기회이니 열심히 할 것.

기운이 없다. 먼저 천기를 채우고 이 천기와 아울러 자신의 기운을 비워야 하며 이러한 비움이 있을 때 진정 자신의 액운이 사라질 것이다.

적성과 진로는 수련이다. 지금까지 방황한 이유는 바로 수련을 위함이니 모든 것을 버리고 수선재에서 자신의 할 일을 찾아보도록 할 것. 진리의 보고(寶庫)인 천기 수련의 장소에 접근한 천운을 살려 자신의 진로를 구할 것.

장차는 유리병과 연관이 있는 업종이 알맞다. 술이나 화장품(무슨 일을 하느냐가 중요한 것이 아니라 어떤 마음으로 하느냐가 중요합니다.) 또는 음료수 등 병에 담아 파는 것이 적성에 맞으니 수련이 진전되고 건강이 찾아지면 이러한 분야에서 자신의 일을 찾아볼 것.

수선재를 위하여 기여할 수 있는 방법은 현재로서도 가능하다. 어떠한 역경이든지 반드시 이기고 나간다는 생각으로 임할 것. 더 이상의 고난은 이제 자신을 시험할 수 없음을 믿고 힘있게 자신의 역량을 발휘해 볼 것. 가능하다.

명부4 하늘에 대한 한 자락 인연

김OO

전생은 고려 말 조선 초 사냥꾼이었다. 사냥꾼이되 짐승을 잔인하게 죽이는 것으로 이름이 있었으며 따라서 김을 만나면 모든 짐승들이 거의 단숨에 목숨을 잃었다.

당시 주변의 모든 사람들이 짐승의 명을 끊음에 있어 김의 도움을 필요로 하였다. 이러한 직업적 사고방식은 나름대로 직업의 전문화에 도움이 될 것이나 그간 생업을 위하여 살생을 한 것 이외에는 모두 본인의 업이 되는 것이다.

허나 노후에 자신의 젊었던 시절의 행동을 반성할 수 있는 시간을 가졌는 바 참으로 치기 어린 행동이었음에 대한 반성으로 얼마를 보내다가 향천하였다.

지금까지 수련에 인연이 되었던 수련생들이 대부분 전생의 격 유무를 떠나 하늘에 대한 한 자락의 인연으로 수련에 들게 되었다. 김 역시 하늘과의 한 자락 인연으로 수련에 들게 되었으며 이러한 인연은 금생에 더욱 피나는 수련으로 다른 수련생과 동등한 단계에 올라야 할 것이므로 보다 집중적으로 수련에 임하여야 한다.

허나 심리적 복잡함으로 인하여 많은 갈등이 내재되어 있어 과제를 극복함이 쉽지 않을 것이다. 따라서 축기 시 전력으로 집중하지 않는다면 순수한 기운으로 축기가 되지 않아 나중에 집중이 수시로 약해질 우려가 있다. 타 수련생보다 집중을 더욱 강하게 하여야 하며, 이러한 강력한 집중이 완성된다면 더욱 속도를 붙일 수 있다.

모친은 전생에 김을 염려하던 동네 어른이셨으며, 항상 김이 마음을 잡지 못하고 방황하는 것을 마음 아파하시던 것이 금생에 인연이 된 것이다. 모친의 수련인연은 83점 이상이다.

자녀들은 전생에 특별한 인연은 없다. 유사한 기운이 자녀들에게 있으므로 금생에 김을 통하여 인연이 된 것이다. 자녀들의 수련인연 역시 83점 이상이니 모친과 함께 수련을 하도록 함이 좋을 것이다.

항상 자신이 아닌 남을 생각지 못하여 문제가 생긴다. 이 세상에 존재하는 여러 인간들 중에 나를 빼면 모두 남이니 남들과의 인연이 나를 만들어 나가는 것이다. 나로부터 시작되는 인연을 소중히 알 것.

남을 모르는 것이 단점이다. 장점은 자신밖에 모르는 것이다. 자신밖에 모르는 것이 좋을 수는 없으며, 나쁜 것도 아니나 이왕에 자신밖에 모른다면 자신을 구해줄 수 있는 사람 또한 자신밖에 없음도 알 것.

수련 시 단전에 순수한 기운이 축기 되도록 전념할 것. 타인에 비하여 기운이 순수하지 못하면 동일한 축기 과정을 거쳐도 기운이 힘을 발휘하기 어렵다. 우선 축기를 하여 단전의 열기를 뜨겁게 느낄 때 선배들에게 다음 수련을 문의할 것.

본인의 사회에서의 적성은 기계 쪽이 30%, 사무직이 50%, 나머지는 이것도 저것도 아닌 상태이다. 본인이 퇴직 후 3-4개월을 생각해 보면 나름의 방법을 찾아낼 수 있을 것이다.

현재 본인이 집중이 덜 되어 있는 상태이니 집중을 하고 자신의 길을 찾아 본 후 다시 검토해 볼 것. 수련을 통하여 자신의 길을 찾을 수 있을 것이다.

두 사람의 사고방식이 너무 달라 처와 당장의 재결합은 어려울 것이다. 허나 더 이상 멀어지지도 않을 것이니 상호간에 주의하여 서로를 염려하고 원하게 된다면 불가능한 것은 아니다. 먼저 처의 마음이 더 이상 멀어지지 않도록 유념하고 나름의 지혜를 발휘하면 가능할 수 있음이니 가급적 더 이상의 다른 인연을 만들지 말라.

자신이 서고 나면 수선재에서 할 일은 많다. 무엇인가 수선재를 위할 수 있을 때 자신이 할 수 있는 일을 하면 된다. 정성이면 못할 것이 없다. 지금도 수고가 많다.

명부5 선과 악을 공유한 것이 장점이자 단점

권00

- 제게 가장 필요한 것이 무엇인지?

나에게 가장 필요한 것은 남에게도 가장 필요한 것이다. 그러나 수련생들에게 있어 가장 필요한 것은 이 모든 것들보다 우선적인 가치가 하나 더 있다는 것이다.

즉 모든 것들에 앞서 수련이 존재해야 한다는 것이다. 이것은 쉽지 않은 일이다. 모든 이들이 중요하게 생각하고 있는 것들을 뒤로 하고 그 앞에 수련을 놓을 수 있다는 것은 수련의 가장 기본적인 조건이자 언제까지나 지니고 있어야 할 과제인 것이다.

우주는 이러한 수련생들을 가장 먼저 자신과 일체가 될 수 있도록 인도하고 있으며 이 방법을 스승을 통하여 내려보내고 있다.

인간으로 존재하는 동안 필요한 것은 하늘에서도 필요한 시기가 있으며, 이 시기에 맞추어 인간의 욕망을 조절하는 방법을 터득함으로써 인간이 하늘에 다가갈 수 있는 것이다.

하늘은 이미 그 안에 모든 것을 가지고 있으므로 더 이상 필요한 것이 없으며, 따라서 인간으로 존재하는 동안 필요하여 갈구하는 모든 것들이 하늘의 입장에서는 하등의 아무런 가치가 부여될 수 없는 것들인 것이다.

인간으로서 하늘의 가치기준을 따른다는 것은 일견 불가능해 보일 수 있다. 그 단계상의 차이는 물론이거니와 수련을 펼침에 있어 가장 필요한 것은 바로 인간들이 필요로 하는 것들이며, 이러한 것들을 취하기 위하여 구해야 하는 것들은 바로 극히 인간적인 방법으로 구해야 하는 까닭이다.

이러한 과정에서 필요한 것은 인간이 필요로 하는 것들을 구하는 과정에서 자신의 마음가짐을 어떻게 갖는가이다. 마음으로는 인간의 단계를 벗어나려 노력하면서도 행동은 인간적으로 할 수 밖에 없는 것이 바로 수련생들이 걸어야 하는 길인 것이다.

경제적인 이유는 인간으로서 가장 기본적인 조건이다. 스스로 걸어갈 수 없는 수준이라면 하늘 역시 구제의 가능성이 거의 없으므로 우선 자신을 구할 수 있는 조건을 갖추고 난 이후에 먼저 자신을 구하고 나아가서 주변의 도반들을 구하며, 다음으로 가족과 이웃을 구하고 세상을 구해야 하는 것이다.

이 과정에서 모든 것은 결코 우연이 없으며 모두가 정해진 길을 가고 있는 것이다. 다만 서울에서 부산을 가되 고속도로로 갈 것인가? 국도로 갈 것인가가 다른 것이다. 하지만 빨리 부산에 도착한다면 또 다른 일을 할 수도 있는 여유가 있는 것과 같은 것이다.

이 세상을 살아가면서 필요한 것과 필요하지 않은 것들을 구분하지 말고 모든 것들에 부딪쳐 자신이 스스로 알아낼 것.

결국 같은 것임을 알게 되고 다만 마음가짐만 달라짐을 알 수 있을 것이다. 모든 것이 필요하고 모든 것이 필요치 않은 것이기 때문이다.

– 어떤 공부를 해야 하는지? 제가 이번 생에 공부를 마칠 수 있는지, 제가 그만한 자질이 되는지?

타 수련생에 비하여는 버릴 것이 적은 편이나 아직 버리지 못한 많은 것들이 마음속에 깔려 있다. 선계과제 '나는 누구인가'를 통하여 공개한 것은 천분지 1이나 됨직한 자신의 내외부적인 것들이다.

이 모든 것들을 모두 버릴 수 있도록 하여야 한다. 버리는 과정에서 취할 것과 버릴 것을 구분하고, 버리되 언제, 어떻게 버릴 것인가를 알아야 한다.

수련을 하면서 자연스레 알아지는 것도 있고, 노력을 하여야 알아지는 것도 있으며, 노력을 해도 스스로의 힘으로는 알기 어려운 것도 있으니 이것 때문에 스승과 도반이 필요한 것이다.

- 수련법?

우선은 호흡에 주력하여 단전형성을 강화할 것. 단전이 확고히 형성된 이후에 다음 과제를 받을 것. 인생의 여유를 수련에 전력한다면 본인의 목표를 달성할 수 있을 것이다.

- 전생, 장단점, 수련인연?

전생은 100여 년 전 아무런 생각이 없이 일생을 보냈다. 전전생은 경기도 발안 지역에서 농업과 수산업에 종사하면서 온갖 일들을 하였으나 주변의 모든 이들로부터 많은 도움을 받지는 못하였다.

다만 바다를 보면서 스스로의 갈 길이라는 생각을 하였으나 나중에는 역시 하늘이 자신의 가야 할 곳임을 알아 마음을 잡고 생활한 것이 금일의 자신을 만든 것이다.

선과 악을 공유한 것이 장점이자 단점이다. 허나 앞으로 양자가 극렬히 대립을 하게 되면서 수련의 단계를 밟아 나갈 것이다. 결코 싸우지 않고 정리되는 것은 없으니 내적으로 많은 갈등을 겪으면서 자신을 만들어 나갈 것.

- 가족과 결혼인연?

가족들과는 천연은 아니나 수련의 과정으로 본다면 깨달음의 길을 감에 있어 많은 도움이 될 것이다. 나중에 보면 안다.

결혼은 성급히 생각지 말 것. 자신의 등급이 올라가면 상대도 등급이 올라갈 수 있는 사람을 만나야 하며, 무엇보다 자신의 갈증에 대하여 대안을 가지고 있는 사람이어야 해로가 가능하다. 서두르지 말 것.

명부6 용맹을 떨쳤던 백제의 장수

신OO

– 전생에 어떠한 생각으로 어떠한 일을 하며 살아왔는지요? 수련인연은?

삼국 말 백제의 장수(현재의 대령 정도)로서 용맹을 떨쳐 많은 적군을 죽였다. 전쟁에서 일어난 일이므로 대를 위한 일이어서 본인의 업이 되는 것만은 아니나 상대방의 입장에서 볼 때는 억울한 죽음이 될 수 있는 것이니 이러한 일 중의 일부가 본인의 업이 되는 수가 있다.

노년에 들어 자신의 지난날 행동에 대하여 막연한 반성을 하기는 하였으나 어떠한 반성이 자신을 구해줄 수 있는지에 대한 지식이 없어 그저 평상시 마음속에 사죄의 생각을 가지고 있는 것만으로도 전쟁 중 향천한 분들에 대하여 나름의 성의를 표시하는 것으로 알고 있었다.

허나 향천에 임박하여 자신의 마음이 허해지면서 자신의 앞에서 죽어간 많은 영들이 천도되지 않은 상태로 보이는 것이 본인의 심기를 어지럽혀 여러 번 제를 지냈으나 제관의 역량이 미달되어 결과적으로 근본적인 해결책이 되지 못하였다.

기본 체력이 좋으므로 이러한 상태에서도 수개월을 보내던 중 생각하였던 것은 하늘의 뜻만이 자신을 구할 수 있으며, 자신을 구할 수 있게 되면 절대로 타인에게 피해를 주지 않고 도움을 주면서 살아갈 것이라는 생각이었다. 이러한 생각이 하늘에 닿아 금생에 수련에 인연이 되었다.

- 장단점, 수련법, 자신에 대한 판단을 어렵게 한 빙의가 되곤 했던 원인?

자신을 극복하고 난 후 타인이 의식되어야 하는데 자신을 생각하기 전에 끊임없이 타로부터 오는 영향에 휩싸여 있으니 자아가 약한 것이 단점이다.

기의 세계에서는 절대로 공백이란 있을 수 없으며, 자신이 부족한 만큼 타의 영향을 받게 되는 것이다. 타의 영향을 긍정적으로 받을 수 있는 기반이 조성되어 있지 않다면 그 안에 사기가 범접하여 생을 피곤하게 보내게 되는 것이다.

힘겨운 삶이라고 해도 자신의 업으로 인하여 힘겨운 경우가 있는가 하면 스스로 만든 함정에 빠져서 힘겨운 경우가 있는 것이다. 이러한 것은 삶에 있어 결정적인 단점이 될 수 있다.

현재 느끼고 있는 증상은 하루아침에 사라지지 않는다. 모든 일이 순서에 의해 진행되고 있으니 자신이 현재 수련의 어느 지점을 통과하고 있는가에 대한 바른 인식이 중요한 것이다. 모든 원인은 자신에게 있는 것이며 이 원인을 덜어내지 않는다면 그로 인한 영향 역시 계속되는 것이다.

자신의 주변을 구성하고 있는 환경적 영향으로부터 벗어나면 사기로부터의 영향 역시 사라질 것이다. 자신을 둘러싼 조건 자체가 의사를 가지고 자신을 속박하는 경우가 있으니 이것이 가장 무서운 사기이기도 한 것이다.

- 현재 자신이 가장 어려움을 겪고 있는 업의 육체적 증상을 극복하는 방법

수련 시 먼저 自身에 대한 自信을 가질 것. 호흡은 단순히 공기의 이동이 아니다. 흐름 자체가 갖는 힘은 이 세상을 뒤바꾸어 놓을 수도 있는 것이니 물이 바위를 뚫고 나가는 것을 보면 알 수 있을 것이다.

"흐르고 있음"은 바로 진화의 다른 표현이며, 이 흐름의 방향을 우주의 본체에 맞추어 그 흐름의 속도를 가속화하는 仙人化 수련을 한다면 뒤따라오는 업의 속도에서 벗어나면서 자신의 위치를 구축하게 되는 것이다. 업이 따라오는 속도는 평소 걸어가는 속도와 같아 자신이 스스로 벗어나려는 노력을 하지 않는 이상 벗어날 수 없다.

하지만 진화의 방향으로 가속한다면 업이 따라오는 속도와 자신이 나아가는 속도가 차이가 나면서 벗어나게 되는 것이다. 진화의 정향이 아닌 다른 방향으로 간다면 업의 영향에서 벗어남을 장담할 수 없다.

수선재의 호흡법을 충실히 따르고 지키려 노력할 것. 너무 무리하여 길게 함은 기력을 저하시켜 오히려 사기가 범접할 가능성을 주는 것이니 바른 방법이 아니다.

자신의 능력으로 가능한 한도 내에서 힘겹지 않은 호흡을 할 것. 지키지 못하면서 기운을 모으는 것 역시 울타리가 없는 곳에 보물을 놓아두는 것과 같이 위험할 수 있으니 주의할 것.

수련 시 항상 의식을 단전에 두는 것을 잊지 않도록 할 것. 이것이 가장 중요하다. 모든 업에서 벗어남이 이것에서 시작될 것이다. 모든 답을 자신의 내부에 가지고 있다. 이제는 답을 찾을 수 있는 곳에 왔으니 서두르지 말 것. 마음의 중심을 잡은 호흡으로 벗어날 수 있다. 스승과 선배들이 도움을 줄 것이다.

- 인제쯤 업을 해소하고 수련과 사회적인 역할 등의 균형을 잡으며 살아갈 수 있는지?

자신의 수련을 충실히 하면서 올바른 호흡을 익히고 수련단계가 달라지면서 사람이 편안해 지고 나면 그것이 바로 균형이며, 균형이 잡힌 생활을 하다보면 편안해 질 것이다. 편안해 지고 나면 사회적 역할이 주어질 것이다. 현재는 자신을 올바로 세움에 주력할 것.

— 사범의 역할을 하면서 유의할 점이 있는지?

사범은 자신의 역할을 잘 알아야 한다. 단순히 도인법을 지도하는 것이 아닌 수련을 지도하는 것임을 알 것. 아는 부분에 대하여는 충실히 지도하고 모르는 것은 모른다고 답하여 다른 선배들이 알려줄 수 있도록 할 것.

지도자들이 범하는 가장 큰 우가 모르는 것을 아는 체 함으로써 빚어지는 업이다. 이러한 업을 짓지 않기 위해서는 모르는 것을 모른다고 하는 용기가 필요한 것이며, 이것은 절대로 부끄러운 것이 아님을 알 것.

스스로 모름을 인정하고 나면 알 기회가 오는 것이니 이것이 공부의 정법인 것이다.

명부7 신령한 나무를 벤 나무꾼

김OO

- 오래전부터 오른쪽 다리와 발목의 고통이 심한데 원인과 치료방법은 무엇인지요?

통일신라 말기 서산지방에서 농업에 종사하면서 나무꾼으로서도 역할을 하였다. 당시 나무를 할 때 자연의 이치를 생각지 않고 오직 나무를 베어내는 데에만 치중하여 자연의 이치를 거스른 바 있다.

나무를 함에 있어 숲을 사랑하는 마음으로 가지치기를 하거나 솎아내는 등 인간과 자연의 조화를 꾀하면서 자신의 뜻보다 자연의 이치에 합당한 처신을 하였다면 금생의 고통이 지금보다는 훨씬 적을 것이다.

솎아내야 할 나무를 쳐내는 것은 진화의 이치에 합당하나 이러한 흐름을 고려하지 않고 자신의 기분이 내키는 대로 행동하는 것은 하늘의 입장에서 보아 바람직하지 않은 것이다.

이러한 업이 쌓여 오늘날 몸의 고통을 만든 것이다. 대자연에 대하여 속죄하는 마음으로 일생을 보낼 것.

당시 수백 년 되어 동네에서 주민들이 받들어 모시는 신령한 느티나무를 다른 사람들이 보란 듯 벌목함으로써 사기가 범하여 기적으로 병이 든 바 있으며 이러한 업보가 금생에 발목으로 나타나는 것이다.

수련 중 천제를 지낼 때 전생의 모든 것에 대하여 속죄하는 마음으로 참회의 기도를 올릴 것.

간단한 치료방법은 있으나 증상만 일시적으로 사라지게 할 뿐이며 근본적인 치료방법은 마음에서 기운을 일으켜 몸으로 가는 것이다. 기운을 움직이는 것은 마음이니 자신의 마음을 어떻게 사용하여야 할 것인가를 잘 생각해 볼 것.

– 제가 이 땅에 태어난 사명이 무엇인지요? 금생에 쌓은 업이 너무 많습니다. 어떻게 풀 수 있겠는지요?

전생에 많은 업이 있으나 마지막에는 자신의 잘못을 뉘우치면서 불을 때지 않고 냉방에서 생활하다가 향천하였다.

이러한 속죄의 나날이 너무 짧아 기존의 업보를 모두 해업하지는 못하였으나 상당부분을 풀 수 있었다. 만약 그렇지 않았더라면 금생에 수련에 인연이 되지 않은 상태에서 장애인으로 태어났을 것이다.

수련에 전력하면서 자신을 둘러싸고 있는 모든 것들에게 사죄의 뜻을 전하라. 자연의 분노는 일정한 상대로부터 오는 것이 아니라 모든 자연으로부터 오는 것이니 모든 자연에 대하여 미안함을 가지고 자신을 낮추는 자세로 일관할 것. 나을 수 있다.

- 저와 가족들의 수련인연은 어떠한지요?

좋다. 이미 수련에 인연이 되었으니 열심히 하면 금생에 가족이 모두 마무리가 가능하다.

다만 어린아이의 경우 기운이 너무 강하여 부모의 말을 듣지 않으려 하는 성격이 나올 수 있으니 주의하여 교육할 것.

- 제 적성 상 향후 어떠한 직업이 맞겠는지요? 세무사 시험을 준비하고자 하는데 괜찮은지요? 최근 다른 직장에서의 거액의 스카우트 제의에 어떻게 응해야 하는지요?

현재의 직장도 좋은 곳이다. 인간이 모든 것을 돈으로 해결할 수 있을 것 같아도 돈보다 더 높고 귀한 가치가 있으니 그것이 바로 얼마나 인간다울 수 있는 것인가 하는 것이다.

인간답고 나서 돈이 있는 것이니 자신의 위치에서 신의를 지키는 인간답게 살 수 있는 길을 택하라. 세무사 시험 준비는 무관하다.

- 제가 수선재 발전에 어떻게 기여할 수 있겠는지요?

기여할 수 있는 많은 부분이 있다. 수선재의 사업 중에서 자신이 역할을 발휘할 수 있는 부분을 하나 선정하여 본업에 병행하여 노력해 볼 것.
반드시 보답이 있을 것이다. 수선재의 일은 인간의 일이 아닌 하늘의 일임을 명심할 것.

- 남동생이 정신병으로 고생하고 있습니다. 원인과 치료방법은 무엇인지요?

남동생 역시 전생에 형과 유사한 업보를 지니고 있다. 기적으로 성숙되지 않은 상태의 인간이 영격이 높은 자연을 함부로 대하면 그에 상응하는 대가를 치르게 되어 있다.
동생 역시 형이 수련으로 낫도록 인도해 볼 것. 조속한 기대를 하지 말고 조상의 힘으로 동생이 본래의 자리에 올 수 있도록 기원할 것.

명부8 복합적인 정보를 가진 DNA

이00

1. 전생, 수련인연, 장단점, 수련법

전생은 삼국 중기 신라에서 태어나 외관상의 직업은 농부였으나 다양한 종류의 일들에 관심을 가지고 살았다. 따라서 머릿속에는 농업이 20%이상 차지한 적이 없었으며, 대장간 등에서 하는 일에 관심이 많았고, 대나무 죽세공 등에도 관심을 가지고 있었다.

당시 다양한 관심을 가지고 있음은 여러 가지 면에서 지식을 쌓을 수 있도록 하였으나 한 가지라도 깊은 지식을 쌓지 못하여 특기가 없었다.

노후에는 이러한 자신의 삶의 방법에 대하여 회의를 갖게 되었으며, 한 가지라도 잘해보고자 하였으나 그때에 가서 이루기에는 이미 역부족이었다.

내생에 태어난다면 한 가지를 열심히 하여 무엇인가를 이루겠다는 생각을 하면서 그렇게 되기 위해서는 하늘과 통하지 않고는 어렵다는 생각을 하였던 것이 금생에 수련에 인연이 되었다.

당시 한 가지도 제대로 이루어 놓은 것이 없이 각종 이력만으로 구성되어 있는 관계로 금생에는 상당히 복합적인 정보를 가진 DNA를 가지고 태어났다.

그러므로 많은 고달픔을 겪으면서 살아가고 있다. 본인의 금생이 고달픈 것은 앞으로 마음을 비움으로 자신의 길을 편안하게 가지고 감에 많은 도움이 될 것이다.

인공위성이 지구를 떠나기 위해서는 탈출속도가 필요하듯 인간이 깨달음을 얻어 번뇌로부터 벗어나기 위해서는 나름대로 고행이 필요한 것이다.

이러한 준비를 하는 것이 수련이며 수련이 예정되어 있거나 수련을 시작하는 사람들이 겪어야 하는 고행은 벗어남을 준비하는 과정에서 당연히 오거나 와야 하는 것들인 것이다.

오히려 고행의 강도가 미약하여 벗어남에 오류가 있을 수 있으므로 아끼는 제자들에 대하여는 더욱 고행을 강요하는 것이다.

인간이 깨달음을 얻으면 바로 극락이요, 깨달음을 얻지 못하면 그곳이 바로 지옥임은 이미 본인이 알고 있는 것이 장점이나 이것을 실행하여 자신의 것으로 만들지 못함이 단점이다. 다 알면서 실행치 못하는 것은 모르는 것보다 더욱 본인을 어렵게 하는 것이다.

평소 비움의 실체를 알았으니 이것을 기반으로 점차 비울 것과 채울 것을 구분할 것. 비움은 날숨을 이용하는 것이며, 채움은 들숨을 이용하는 것이니 아직은 비울 것과 채울 것이 7:3으로서 비워야 할 것이 많다.

호흡 역시 이 비율로 하되 마음의 밑바닥에 무엇이 있는가를 확인하고 나서 그것을 비우고 기운으로 채울 수 있도록 할 것. 수련이란 비울 것을 비우고 채울 것을 채우는 수련이니 이것을 잘함으로써 자신을 맑게 하는 것이다.

※ 천서란 한 사람에게만 해당되는 것이 아니며, 수련생 모두에게 해당되는 것을 당사자의 특징을 빌어 설명하는 것이니 모두가 읽고새기도록 할 것.

2. 수선재에서의 역할, 사회에서의 역할

현재 자신의 역량으로 할 수 있는 일이 많다. 사업적인 성향이 강하나 뒷심이 부족하여 성취가 약하였다.

수선재의 힘이 지원된다면 많은 역량을 발휘할 수 있을 것이니 우선 천수체의 발굴과 지수체의 진화를 위한 홍보에 주력하고 나아가 이를 통한 회원들의 결속 강화에 노력하면 자신과 수선재를 위하여 좋은 결과를 가져올 수 있을 것이다. 다양한 역할이 가능하다. 힘낼 것.

명부9 덕을 쌓는 일, 업을 짓는 일

○○ 수사

○○ 수사는 수련에 들므로 인하여 기존의 모든 업보를 마무리하는 과정으로 들고 있는바 금번에 자신의 마음을 정리하는 중요한 공부를 하고 있다.

1. 모친 문제

현재의 모친은 전생에 ○○이 은혜를 베풀었던 가족 중 나태함으로 인하여 혜택을 입지 못한 한 명이며, 당시 ○○의 은혜를 은혜로 갚지 않고 이러한 행동으로 갚는 것이다.

자신의 가족들은 ○○의 혜택을 입었으나 그 과정에서 자신의 몫을 받지 못한 것은 본인의 책임일 뿐이다.

하늘이 그러한 문제를 해결해 주기 위해 금생에 모녀간의 인연으로 만나도록 기회를 주었음에도 깨닫지 못한다면 하늘의 입장에서 보아서도 바람직스럽지 않은 것이다.

전생에 일부 서운함이 있다고 해서 이러한 방법으로 갚는 것은 하늘의 입장에서도 있을 수 없는 일이다. 모친의 경우 본인이 상궤에서 벗어나 있으므로 속에서 해당하는 방법으로 해결하는 것이 좋다.

모친은 전생에 0와 인연이 되기는 하였으나 은혜를 은혜로 받지 않고 배은으로 갚은 것으로서 이러한 경우는 삶의 과정에서 큰 공부를 하는 경우에 올 수 있는 인연이다.

큰 공부(속에서의 관점으로 보면 팔자가 드세다고 보이는 경우)를 공부인 줄 알고 넘기는 것과 공부인 줄 모르고 넘기는 것은 큰 차이가 있다.

0의 경우 현재까지 금생에 모친에 대한 예우를 대부분 다하였으며, 앞으로는 모친이 정상으로 돌아온 후에 모녀지간의 예를 마무리하면 된다.

설령 하지 않더라도 기존의 도리가 모친의 은혜에 대하여 갚을 만큼 하였으니 이제는 모친이 자녀들에게 저지른 업보를 금생에 스스로 해결하여야 하는 단계에 온 것이다.

모친을 정신병원이나 기도원 등에 의탁하는 방법으로 속(俗)에서 사회적인 해결방법을 찾아 해결할 것이며 이 과정에서 체면 등 허례에 구애받지 말 것.

실질적으로 한 사람이 감당할 것을 여러 사람이 감당함은 하늘의 입장에서도 낭비이며 이 역시 긍정적으로 평가받는 것이 아니다. 하늘은 모든 것이 공정하게 처리됨을 원하고 있는 것이며, 하늘의 원칙에서 벗어난 어떠한 것도 바람직스럽게 수용되지 않는다.

무조건적으로 자녀에게 부담이 되는 것은 바람직스런 일이 아니며, 인륜 역시 부모의 도리를 다함과 자녀의 도리를 다함이 함께 있는 것이다.

딸로서 자신의 도리를 충분히 다하고 나면 그 이후는 업보를 가진 본인(모친)이 해결하여야 하는 것이지 자녀들의 몫이 아닌 것이다.

금생에 버릴 것은 모두 버리고 너무 과도한 심적 부담을 갖지 말고 가벼이 털 수 있도록 할 것. 수련에 들지 않았다면 평생 불편함을 감수하여야 할 것이다.

2. 형제간의 문제

자신의 몫은 자신이 터는 것이다. 누나나 언니라고 해서 모든 것을 떠안아야 하는 것이 아니며, 자신이 해야 할 부분을 다하고 나면 되는 것이다.

털어버리는 것은 스스로 할 바를 다해야 한다는 것이지 타인의 부분까지 해야 하는 것은 아니다. 타인의 업은 타인이 해결하는 것이며 그 중에서 자신의 해야 할 부분을 함으로써 자신의 역할은 끝나는 것이다.

가족의 인연 중 가장 큰 인연이 부모 다음으로 형제인바 인정상 생각을 하는 것은 좋으나 자신의 업보에 대한 것 이상으로 관여함은 자칫 새로운 업을 생산할 우려가 있다.

본인의 공부는 본인이 알아서 하는 것이며 손위라고 해서 인정으로 관여하는 것은 좋으나 너무 깊이 관여함은 학생이 풀어야 할 문제를 타인이 풀어주는 것과 같아 본인의 입장에서 보아 전혀 도움이 되지 않는 것이다.

"덕을 쌓는 것"과 "타인의 업에 관여하지 않아야 할 부분에 관여하는 것"의 구별은 의무감을 갖고 하는 것인가 여부에 달려 있다.

의무감을 가지지 않고 진정 타인의 불행에 대하여 자신의 마음이 내켜서 도움을 주는 일은 그 자체로서 덕을 쌓는 일이 될 수 있다.

허나 마음이 내키지 않으면서도 의무감으로 타인의 업에 너무 깊이 관여하는 것은 그 자체로시 상대방에게 부담이 될 수 있는 일이며, 그 부담이 나중에 다른 형태로 돌아오는 것이니 가급적 부담되는 일은 우선 한발 물러서서 자신의 일이 어디까지인가 살펴보고 분명히 선을 그은 후 진정 자신이 해결할 수 없는 일은 분명히 정리할 것.

그리고 나서 여유가 생겼을 때 객관적인 시각을 가지고 다시 도움을 주는 것은 가하다. 타인의 업을 본인이 지고 가는 일이 없도록 할 것.

* ○○ 수사는 전생과 금생에 있어 많은 공덕을 쌓은 바 있습니다. 허나 인정이 많아 타인의 업에 대하여 지나치게 과하게 관여하여 공덕을 쌓은 반면에 업을 지은 바도 있습니다. 타인의 공부는 대신 해주는 것이 아니기 때문입니다.

앞으로의 인생에서 해야 할 일은 인정을 절제하고 남보다 자신을 살피는 일입니다. 아무리 과하게 하여도 업이 되지 않고 본인에게 덕이 되는 일은 수련과 수련의 보급입니다.

허나 수련의 보급과 타인의 수련에 관여하는 일은 전혀 다른 일이며 타인의 수련에 관여하는 일은 절대 안 됩니다.

수련 선생이 어려운 일은 이런 이유에서이며, 타인에게 수련을 권유하는 것은 좋으나 타인의 공부를 대신 해주거나 속세의 시각에서 마음의 문제에 깊이 관여하는 것은 덕을 쌓기 보다는 업을 짓는 일에 가깝습니다.

앞으로는 가족과 주변 사람들에 대한 과도한 부담을 단호하게 덜고 오직 수선재의 수련생으로서만 살게 되기를 바랍니다.

명부10 武를 통해 도를 추구하던 장수

양OO

1. 전생 – 저를 알고자 합니다. 전생의 자신과 가족의 수련인연에 대해 문의드립니다.

신라 말 고려 초 전북 북부지방에서 장수였다. 전쟁에 참여하지는 않았으나 무예가 출중하고 인품이 곧아 인근에서 따르는 자들이 많았다. 한 고을을 담당하는 무관이자 고을의 지도자로서의 역할을 충실히 하였으며 평생 무도를 함께 하였다.

인간으로서의 자질은 출중하면서도 武를 통한 도의 추구가 뜻대로 되지 않는 것에 대하여 고민하다가 하늘의 뜻이 그것이 아님을 대충알기는 하였으나 정답을 알지 못하여 고민이 많았다. 향천 시 하늘이 그 답임을 알므로 인하여 금생에 수련에 인연이 되었다.

가족들은 수련과 인연이 있다. 할머니 76, 아버지 81, 어머니 78, 누나 76, 동생 80

※ 인간의 전생은 수없이 많다.

한낱 미물에서 현재의 인간에 이르기까지 수천, 수만의 모습으로 다양하다. 현재 검토하는 전생은 그 중에서 진화에 가장 결정적 영향을 끼친 한 생을 논하는 것이지 셀 수 없이 많은 생을 모두 거론하는 것이 아니다.

인간의 모습으로는 바람직스럽거나 바람직스럽지 못한 전생이라도 그 안의 어느 구석에는 하늘과 연결될 수 있는 통로가 마련되었으므로 금생에 하늘과 연결이 되는 것이며 모든 삶에서 결코 우연이란 없다.

그래서 자신의 전생에 깊이 신경을 쓸 일은 아니나 참고는 되는 것이며, 그것을 바탕으로 자신이 앞으로 나가야 할 길을 선정함에 도움이 되는 것이다.

흐린 날 나침반을 가지고 있다면 내가 남쪽으로 가는지, 북쪽으로 가고 있는 것인지 알 수 있고 다음에 나아갈 방향을 선정함에 도움이 되는 것과 마찬가지로 전생 역시 그러한 자료에 불과할 뿐이므로 그것에 얽매여 앞으로의 진화에 지장을 받아서는 안 되는 것이다. 왜 그런지에 대한 해답은 하늘만이 알고 있는 것이므로 나아가다 보면 그 답을 알 수 있게 되는 것이다.

2. 용신, 수련법 – 저의 용신을 알고 진화하고자 합니다.

초등학교 때부터 앓아와 심하지는 않지만 수련 시 종종 호흡의 흐름을 끊기게도 하는 비염이 어느 정도 호전 후 더 이상 호전되지 않고 있습니다. 용신과 저에게 필요한 수련법을 문의 드립니다.

용신은 더욱 수련에 깊이 들면 알 수 있다. 비염은 수련과 함께 지속적으로 몸을 보하도록 할 것. 열을 가하면 나을 수 있으니 열을 가하는 방법을 알아 볼 것.
수련은 낮추어서 알아가는 것이며, 이 낮춤에 다가서기 까지 힘을 비축하여야 가능한 것이므로 인간의 육신을 가지고 있는 이상 지기의 보충 역시 가장 중요한 방법 중 하나인 것이다.
섭생을 충분히 하고 도인법에 주력하되 날숨을 75, 들숨을 25정도로 할 것. 나중에 자연스러워지면 5:5로 하되 가급적 날숨을 길게 하도록 할 것.

3. 앞으로 나갈 방향 – 지부장으로서 지부의 자립과 안정 및 선향전파에 최선을 다하고자 하며 또한 해외로 나가 뜻을 펴고자 합니다.
교육계에도 몸담고 있어 명상교과 도입 등으로 선향을 퍼트리고자 합니다. 선계의 뜻을 폄에 제가 나갈 방향에 대해 문의 드립니다.

현재의 업에 충실하면서 지부장으로서 역할을 충실히 하다보면 더 큰 길이 보일 것이다. 해외 진출은 때가 되면 하기 싫어도 하여야 할 것이니 언어에 주력하면서 뜻을 키워볼 것. 허나 아직은 아니니 준비를 보다 철저히 하도록 할 것.

4. 결혼 인연 – 결혼 인연에 대해 문의드립니다. 최근 진지하게 생각하는 사람이 생겼습니다. 인연인지 알고 싶습니다.

인연이다.
80%이상 가능하니 나머지는 두 사람이 만들어 가도록 할 것.

명부11 불법의 보급에 매진하던 승려

황OO

1. 저는 누구인지... 전생과 금생의 목적?

고려 말 조선 초 개성 부근에서 승려였다. 당시 가장 세속의 모습을 잘 아는 승려로서 중생들에게 많은 조언을 아끼지 않았으며, 다양한 중생들을 접하면서 깨달은 이승의 모습이 공부의 핵심으로 연결되어 더욱 많은 하늘과의 교감을 가지게 되었다.

끝까지 속세의 모습에 환멸을 느끼지 않고 나름대로 정의를 펴고자 많은 노력을 하였으며, 이러한 집념의 이면에는 하늘에 대한 신뢰와 동경이 끝까지 뒷받침이 되어 나름의 공부를 지속하게 하였다.

당시 승려로서 불법의 보급에 매진하던 중 중생들에게 가까이 다가갈 수 있는 방법을 찾게 되었고 이 방법을 연구하던 중 복잡한 경로를 배제한 채 중생과 하늘을 직결할 수 있는 방법을 강구해보고자 하였으나 나름의 근기와 각각의 해업 방법의 차이점으로 인해 통일된 방법을 찾아내지 못하였다.

금생은 수련을 마무리할 시점이다. 전생에 그만한 공덕이 있었으므로 마무리가 가능하다. 현재에도 흔들리지 않는 마음을 가지고 있으니 이 기반을 이용하여 최선을 다하므로 자신을 완성시킬 수 있도록 할 것.

2. 제 적성과 직업?

책과 가까이 하는 것이 좋다. 책 속에서 나아갈 길을 찾고 책 속에서 답을 찾을 것. 우선 천서를 통하여 인간과 하늘, 우주의 원리를 깨달으면 다른 것들이 보일 것이다.

연구하는 것이 적성에 맞으나 연구로 인한 결과가 없다면 허무함을 메울 방법이 없을 것인 즉 자신의 내실을 채울 수 있는 업을 선택하도록 할 것.

타인의 말을 참고하는 것 보다 천서 안에서 가야 할 길을 찾아볼 것. 천서의 내용을 더욱 쉽게 보급할 수 있도록 어린이 판 등을 만들어 보면 좋을 것이다.

이러한 내용이 영어나 중국어 등 외국어로 번역된다면 외국에 수선재의 Young School을 만드는 데에도 도움이 될 것이니 아주 쉽게 하늘과 우주, 인간의 도리를 알릴 수 있도록 해볼 것.

3. 제게 맞는 수련법?

글을 통하여 깨달음으로 가야 한다. 매일 천서를 2-3페이지씩 써볼 것. 좀 더 용이하고 알기 쉬운 방법으로 간단한 책을 만들듯이 적어볼 것.

쉽게 인간의 심성 속으로 배어들어 이러한 글들이 지구의 진화에 일조를 할 수 있도록 해볼 것. 평소의 사례와 천서의 내용을 일치시켜 교재로 사용할 수 있도록 만들어 본다면 자신과 주변의 진화에 엄청난 도움이 될 것이다.

※ 지도자의 경우 이러한 교재를 이용하여 하늘을 설명할 수 있다면 수련의 보급에 많은 도움이 될 것이다.

4. 수련 전과 수련 초기엔 관세음보살만 그리다가 수련 이후엔 긴 머리 남성과 여성얼굴만 그렸습니다. 선인 같으신데... 누구신지요?

자신을 보호해 주시는 선인이다. 아직은 통성명을 할 단계가 아니나 수련이 진일보하면 상호간에 예를 취하여야 하는 단계가 올 것이다. 항상 놓치지 말고 의념하고 감사드릴 것. 금생 내내 보살핌을 주실 것이다.

다른 분으로 바뀌게 되면 바뀌신 분을 의념하고 감사드리도록 할 것. 다른 분이 보이면 전의 분은 의념치 않도록 할 것.

5. 아들(13세 맹OO)과 저의 연이 궁금했습니다. 수련인연은 있는지요?

기적으로 연결된 것이며, 전생의 인연은 없다. 전생의 인연보다 더욱 중요한 것이 기적인 인연이니 소중하게 생각할 것.

기적인 인연은 전생과 같이 우주의 법칙에 정해진 인연이다. 수련인연은 83이니 점차로 하늘을 알도록 하면 자연스레 인연이 될 것이다.

6. 수선재로 인도하고픈 친구가 있는데 그의 수련인연과 저와의 인연을 여쭙니다?

인연이 55 이상이면 함께 갈 수 있으며 70 이상이면 업을 함께 하고 80 이상이면 함께 살 인연이다. 0의 수련인연은 82 이상이며, 상호간의 인연은 78 정도이다.

인연지수는 당사자의 노력에 의해 바뀔 수 있으니 인간의 노력이 가장 중요한 변수가 되는 까닭이다. 하늘과 인연을 만들 수 있으면 당사자 간에도 좋은 인연이 될 것임은 필연적인 것이다.

당사자의 노력으로 변화가 가능한 범위는 인간의 의지에 따라 다르나 보통 상하 30까지이며 수련이 고도의 경지에 이르면 100% 이상 변화가 가능하다.

이러한 변수가 바로 인간을 선인이 될 수 있도록 이끄는 결정적 원인이 되는 것이며, 천수체란 이 인연을 두 배, 세 배, 그 이상으로 증폭하여 천, 만, 나아가 수천억까지도 증폭하므로 수많은 중생들에게 하늘의 영향을 전달할 가능성을 지닌 사람들인 것이다.

이러한 증폭능력은 선계의 등급과 일치된다. 많은 중생들이 현생에 깨달음의 방법을 올바로 찾아들어갈 수 있도록 인도할 준비를 하도록 하라.

명부12 하늘에 대한 갈증

이00

1. 전생과 가족과의 수련 인연은 어떻게 시작 되었는지?

(전 회원 공통)

사람의 일생은 자신의 기운의 흐름이며 이 흐름을 상향시키려는 움직임이 바로 진화 욕이다. 인간이 가지고 있어야 할 욕구 중 가장 중요하고 긴요한 욕구가 바로 이 진화 욕이며, 진화 욕으로 귀결되는 한 모든 욕구는 정당성을 갖는다.

진화 욕의 기반을 이루는 것이 바로 전생이며, 전생이란 금생의 전부는 아니되 최소한 방향의 설정을 위한 초보적인 조건으로서 그 의미를 갖는 것이다.

인간이 진화를 위해 나감에 있어 각기 취해야 할 방향이 다르며 나가는 속도가 다르고 함께 가는 도반이 다르다.

하지만 그 중에서 취해야 할 점은 바로 모두가 함께 진화의 길을 간다는 점에 대한 인식이며, 이러한 인식이 있는 한 자신이 양보해야 할 부분과 취해야 할 부분이 구분되는 것이니 자신의 어느 부분을 양보하고 타인의 어느 부분을 취할 것인가를 연구함에 있어 적절한 하늘의 길을 갈 수 있어야 하는 것이다.

전생은 내가 어디로부터 왔으며 어디로 갈 것인가? 그리고 어떠한 마음가짐을 가지고 무엇을 할 것인가를 알기 위한 기준점이다.

전생의 빈부나 귀천은 다만 전제 조건일 뿐이요, 금생에 어떠한 길을 가고 있는가 하는 것이 진화의 결정적 판단기준이 되기 때문이다.

전생으로부터 내려오는 기운의 방향의 중요성은 수련 중 자신의 진로가 잘못되었다는 판단이 들었을 경우 잘못되기 전의 시점, 즉 잘못을 하기 전의 시점으로, 먼 과거로 돌아가기를 원한다면 금생이 시작되기 전의 시점까지 다시 거슬러 올라가는 기준점이 됨에 있으므로 이 시점으로 돌아가서 자신의 잘못에 대하여 의념 상 기적인 세탁이 가능하다는 것이다.

즉 모든 일에 잘못이 있을 경우 스승의 인가를 받아 잘못을 저지른 시점으로 돌아가 다시 시작함이 허용된다는 것이 바로 종교에서 고해성사 등의 반성을 이유로 스스로를 다스려 죄악에서 벗어날 수 있도록 인가해 주는 이유인 것이다.

李는 신라 중기 경주 부근에서 농업에 종사하였다. 당시 중농 이상으로서 비교적 큰 농업을 경영하였으며, 인근에 인심을 잃지 않아 많은 사람들이 따랐다.

허나 항상 자신의 가슴을 채우지 못하여 마음의 빈곤이 있었는바 이 부분은 바로 인간의 지혜로 채우지 못하는 공허감으로 하늘에 대한 갈증이었다. 이 갈증에 대한 답을 얻고자 함이 금생에 수련에 인연을 갖게 하였다.

아버지(이OO)는 전생에 이보다 100여 년 늦게 태어나 살았으나 당시 고을의 어른으로 덕을 쌓고 살았던 것이 금생에 이의 부친으로서 인연을 갖게 하였다. 소중한 인연이니 잘 가꾸어 나갈 것. 수련인연이 83 이상이니 잘 모실 것.

어머니(김OO)는 파장의 유사성으로 인연이 되었으며, 앞으로 순화(천천히 진화의 길을 감)의 길을 걸을 것이다. 수련인연은 81이다.

여동생(이OO)은 기존의 인연은 없으나 역시 금생에 이를 만남으로 인하여 진화의 길에 동참할 수 있을 것이다. 수련인연 81 이상이다. 좋은 인연들이니 함께 갈 수 있음을 기쁨으로 생각할 것.

2. 저에게 맞는 수련법과 장단점이 무엇인지 알고 싶습니다.

기운도 있고 힘도 있으나 나갈 방향을 확고히 결정하지 못하여 기운이 시원하게 열리지 않고 있다. 오로지 진화만이 자신의 갈 길이니 진화의 길을 갈 수 있도록 할 것.

수련 중 끊임없이 자신의 부족한 점을 찾아보고 그 부분을 보충할 수 있도록 할 것. 자신의 오장육부를 앞에 떠올리고 가장 기운이 부족한(희미한) 곳을 찾아서 그곳의 색깔을 천지에서 구하여 보충할 수 있도록 할 것.

3. 수선재에서의 나의 역할 알고 싶습니다.

수련이다. 오직 수련으로 나가다 보면 자신이 해야 할 여러 가지 일이 있으니 우선 수련을 하고 나서 다른 길을 찾아볼 것.

많은 할 일이 있다. 우선은 수련지도를 통하여 자신에게 주어진 공부에 주력하고 나서 다른 길이 주어지면 그 길을 갈 것.

4. 결혼인연을 알고 싶습니다.

아직은 더 있어야 한다. 2~3년 정도 있으면서 자신과 인연이 되는 사람을 찾아볼 것. 성급히 서두르지 말 것.

인연이란 하늘의 조건이니 인간의 욕심으로 구하다 보면 실수가 나올 수 있다. 만남과 헤어짐은 하늘이 정해준 것이나 그 만남을 가꾸어나가는 것은 인간의 일임을 알 것.

인연을 만들고 나면 다시 수련을 통하여 자신에게 필요한 인연인가를 짚어볼 것.

명부13 자신을 알고자 함에 대한 열망

로O OOO (외국인 수련생)

전생은 15세기 말에서 16세기 초 북유럽 스칸디나비아 반도의 북쪽(현재의 노르웨이)에서 작은 부족의 장이었다. 당시 백 수십 명에 이르는 부족들을 나름대로 잘 통솔하였으나 자신이 원하던 것은 현상을 유지하는 것이 아니어서 속으로는 불만이 있었다.

이곳의 부족장은 지력과 담력, 체력을 구비하여야 하였으며, 나름대로 민주적인 절차를 거쳐 선발되었다. 당시 처가 9명, 자녀가 15명이었으나 자녀들 중에 자신을 이을만한 재목이 없음에 대하여 많은 걱정을 하면서 생활하였다.

자신이 진정 원하는 것은 자신을 아는 것이었으며, 자신을 알고 나면 부족을 훨씬 더 잘 통솔할 수 있을 것이라고 생각하였다. 허나 당시 주변에 정신적으로 OOO를 이끌어 줄 사람이 없어 궁금증만 가지고 향천한바 되었다.

이러한 자신을 알고자 함에 대한 열망이 금생에 수련에 인연이 되었으며, 현재 수련의 길을 찾아들었고, 이것은 바로 자신의 길을 찾아온 것이라고 할 수 있다.

수선재와의 인연은 우연이 아니며, 앞으로 많은 것을 찾을 수 있을 것이다. 공부를 한 후에는 정신적으로는 하늘과의 기운 줄을 연결한 채 몸은 수선재에서 떠나 하늘의 뜻을 펼 것이다.

자신을 모르고 있었음이 단점이다. 허나 자신을 모르고 있었음으로 인하여 나름대로 세상공부를 많이 하였다. 이 공부는 수련에 있어 기반을 이루는 좋은 경험이 될 것이다.

이 수련에 있어 가장 중요한 것은 자신을 알고 자신의 위치를 알며, 자신을 이끌어 나갈 방향을 잡은 후 이 방향으로 매진하여 본래의 자신을 발견해 내고 그 자신과 현재의 자신을 일치시켜 나가는 것이다. 본래의 자신은 바로 우주 그 자체이며, 이 우주를 찾아가는 길은 스승의 인도에 따르게 된다.

현재 내력(內力:기적인 기반으로서 수련을 하기 위한 기본체력과 정신력)이 부족한 상태이니 축기에 주력할 것. 연령으로 보아 자생적인 힘이 있어 버틸 수 있으나 먼 길을 가기 위해서는 먼저 준비를 하여야 한다.

6개월 이상 축기에 전념한다고 생각하고 모든 의식을 단전에서 떨어뜨리는 일이 없도록 할 것. 이 과정에서 많은 노력을 필요로 할 것이다. 성적인 상대로서의 여자 생각을 떨쳐버리는 것이 관건이라고 할 수 있다.

단전은 生과 死이며, 進과 退이고, 나와 우주이니 단전을 절대로 놓치는 일이 없도록 함에서 시작하여야 한다. 모든 일의 판단을 단전으로 해 볼 것. 축기 이후의 과정은 스승과 선배들의 가르침을 따르면 된다.

몸의 통증을 없애기 위해서는 마음을 비워야 한다. 모든 원망과 바람을 비우고 진정 자신의 위치가 어디인가를 찾고 나면 통증 역시 줄어들 것이다. 어떠한 사람이든 어느 정도의 문제를 가지고 있는 것이며, OOO는 이것이 통증으로 나타난 것이다.

이 통증은 수련으로 인해 감소될 것이며, 마음자리를 찾음으로써 잊힐 것이다. 허나 이 통증은 육신을 유지하기 위한 경고의 기능을 가지고 있는 것이니 수련에 있어 반드시 필요한 것이기도 한 것이다. 식사를 가급적 채식을 위주로 하고 음주 등을 줄여 몸을 맑게 할 수 있도록 할 것.

한의학은 직업으로 택하는 것보다는 사람을 알고 우주를 알기 위하여 공부를 한다는 목적으로 하는 것이 맞다. 정신적 지도자 역시 많은 마음공부를 한 후에 타당하다. 의학을 전공하여 음식으로 중생을 제도하는 것은 좋은 업이 될 수 있다.

모친은 현재 완전히 편안하신 것은 아니며 속세에서의 애환은 많이 잊은 상태이다. 허나 모친의 진화를 원한다면 본인이 수련으로 인하여 자신의 등급을 높인 후 모친에게 기적, 우주적인 지원을 함으로써 가능하다.

부친의 수련 인연은 아직은 아니다. 본인을 통하여 보여줄 수 있도록 할 것. 점차 개선될 여지가 있다.

동생들은 80점 이상이나 이것은 하늘을 받아들일 수 있는 가능성을 말해 주는 것이니 무리하여 권하지 말 것. 때가 되면 수련 인연이 온다.

아직은 결혼을 생각지 말 것. 전생과 금생의 많은 해업이 이루어지고 난 후 자연스레 나타날 것이니 조급히 서둘지 말 것.

수선재를 위해서는 할 일이 많다. 자신의 총력을 기울여 볼 것. 우주를 알면 할 일이 많아질 것이다. 현재 올바로 가고 있다.

명부14 한 부족을 이끌던 지도자

마OOO(남아공)

1. 저는 과거 생에 끔찍하게 신성(Divine)을 저버린 적이 있나요? 가끔 그런 생각이 듭니다. 그렇다면 언제 제가 잘못되었는지요? 바로 전생의 일인지요?

하늘을 알기 전의 인간은 모두 잘못을 저지를 수 있다. 하지만 신의 세계를 알기 전의 인간은 자신의 행동이 신의 뜻을 저버리는 것인가에 대하여 알지 못하므로 고의로 잘못을 하였다고 할 수 없다.

인간으로서의 잘못은 있었으되 신성을 저버린 적은 없다. 인간으로서의 잘못이라고 해서 모두 용서가 되는 것은 아니며, 인간으로서의 잘못에 대한 처벌을 받으면 되는 것이다.

허나 인간으로서의 잘못이 큰 것은 아니었으며 사소한 잘못이 모여서 그 가지 수가 많은 것이다. 바로 전생의 일은 아니며, 3~5생의 작은 잘못들이 모인 것이다.

현재 수련으로 상당부분 씻겨 나갔으며, 앞으로 수련과정에서 모든 해업이 가능할 것이다.

2. 금생에 진화를 이룰 수 있겠는지요?

가능하다. 그간의 수련으로 인하여 지금까지 잘못의 60% 정도는 씻겨 나 갔으며, 나머지는 앞으로의 수련으로 씻겨 나갈 것이다.

진화가 가능하다. 항상 하늘을 우러러 자신의 모든 업보에 대한 용서를 구하고 주변의 도반들을 통하여 덕을 쌓도록 할 것. 가능하다.

3. 제가 특히 아프리카 인들을 위한 정신적인 지도자가 될 수 있을까요? 만일 가능하다면 어떤 점에서 일까요? 제가 주목받을 수 있겠는지요?

정신적인 지도자는 인간의 능력만으로는 어렵다. 하늘의 뜻을 알고 하늘의 뜻을 펴는 도구로서의 역할을 하다보면 스스로 하늘의 뜻을 알게 되는 것이며, 하늘의 뜻을 알고 자신의 것으로 하여 나가는 과정에서 지도자가 되는 것이다.

지도자란 이 세상에서의 등급과 무관하게 하늘의 뜻을 펴나가는 지도자가 가장 등급이 높은 것이다. 매일 천서를 읽고 그 내용을 자신의 것으로 하기 위해 노력한다면 지도자가 될 수 있을 것이다.

4. 파트너로서의 좋은 남자를 만나는 것이 진정한 균형을 유지하고 신속한 진화를 이루는데 도움이 되리라고 믿고 있습니다. 그런지요? 그렇다면 제게 있어 그런 남자는 어떤 성향을 지닌 사람이어야 하는지요?

결혼인연이란 수련으로 인해 자신의 위치가 바뀌어 지면서 점차로 달라지는 것이다. 현재의 자신이 배우자를 찾는다면 현재의 등급에 맞는 배우자를 찾을 수 있으나 수련으로 진화한 자신이 배우자를 찾는다면 진화된 자신에 맞는 배우자를 찾을 수 있을 것이니 너무 조급히 생각지 말 것.

진정한 배우자를 맞이함으로 인해 진화가 되는 것은 너무도 바람직스런 것이며, 또한 권장할 일이나 그렇지 않음으로 인해 퇴화하는 경우 역시 많은 것이니 자신이 진화한 위치에서 다시 검토해 볼 것. 아직은 좀 더 있어야 한다.

멀리 볼 것. 진정한 배우자의 성향이란 자신과 영적인 수준이 맞는 사람을 말한다. 영적인 수준이란 진화하고자 하는 욕구와 더불어 실천할 수 있는 행동력을 구비하였는가 하는 점으로 평가되는 것이다.

5. 저는 저의 정신적인 어머니와 아버지로부터 연결되어 있고 그들을 사랑하고 있음을 점점 더 느끼고 있습니다. 있을 수 있는 일인지요?

있을 수 있다. 정신적인 부모는 자신을 이끌어 주는 선계의 어른들이며, 그 분들을 느낀다는 것은 하늘을 그만큼 가까이 느낀다는 것이다. 좋은 일이다.

6. 저는 언제 어디로부터 시작된 영혼인지요?

선사시대에서 시작된 영혼이며 전생은 여장부로서 중앙아프리카에서 한 부족을 이끌던 지도자였다. 당시 용맹하고 성격이 너그러워 자신의 부족에게는 더할 나위없는 지도자였으나 다른 부족에게는 공포의 대상이었다.

당시의 업보 중 일부가 아직 씻겨지지 않은 채로 남아 있으니 수련을 통하여 씻어내도록 할 것. 업보를 씻어내는 길은 수련밖에 없다.

에필로그

비 오면 비를 통하여, 눈 오면 눈을 통하여

방금 전 텔레비전에서 우주에 관한 프로를 보았습니다. 우리가 속한 은하계 가까운 곳에 태양의 크기의 30억 배만 한 블랙홀이 있는데, 지구상의 어떤 과학자도 왜 그곳에 그만한 크기의 블랙홀이 있는지, 무엇을 하는 곳인지 모른다는 것이었습니다.

또 우리가 속한 은하계에서 가장 가까운 은하가 안드로메다 은하인데 그 은하가 우리 은하 쪽으로 계속 움직이고 있다고 합니다. 그래서 몇십억 년이 지난 후에는 지구가 속한 은하가 우주에서 가장 큰 은하가 될 것이라고 하는데 왜 그렇게 진행되고 있는지 아무도 모른다는 것이었습니다.

저는 과학자들도 모르는 우주를 수련을 통하여 알게 되었습니다. 우주를 알면 알수록 인간의 무력함과 보잘것없음, 그리고 우주의 위대한 힘을 느낍니다. 우주가 인간의 뜻과는 별개의 어떤 힘에 의해 움직이고 있다는 확신을 가지게 됩니다.

인간의 뜻에 의해 우주가 움직이고 있다면 지구상의 내로라하는 과학자들이 우주의 비밀을 1%라도 알지 못하고 있을까요?

저는 그런 우주를 전하고자 노력하고 있는 중입니다. 과학의 문외한인 저로서는 우주가 선계이며, 선계는 조물주님과 깨달음을 얻은 선인님들의 뜻에 의해 움직이며, 인간을 포함한 우주의 일부분인 피조물들도 궁극적으로는 깨달음을 얻어 우주의 진화라는 선계의 뜻에 동참하여야 한다는 우주의 법칙을 저의 능력껏 알릴 뿐입니다. 그리고 그곳에 도달하는 방법을 기운으로, 말씀으로, 수련법으로, 사력을 다해 전하고 있습니다.

제가 얼굴을 드러내지 않으려는 것은 신격화하자는 뜻이 아닙니다. 사람마다 자신의 스타일이 있듯이 저의 스타일은 드러내지 않는 것일 뿐입니다. 그간 사정에 의해 드러내놓고 수련생들을 지도하였지만 원래의 저의 모습은 아니라는 생각이 드는 군요. 그렇지 않고서야 계속해서 이다지도 어색하고 무안한 기분을 느낄 리는 없겠지요.

저는 아마도 점차 드러내지 않을 것입니다. 허나 준비가 된 분들에게는 보다 가까이 있게 될 것입니다.

대통령의 통치스타일에 대해서 왈가왈부하는 것은 국민들의 몫이며 자유이겠지만 수선재는 선계의 뜻으로 움직이는 곳입니다. 그리고 수련지도는 전적으로 스승인 저와 선인님들과 선계의 뜻으로 이루어집니다.

저도 저의 역할을 잘 하여 이다음 선계에 가서 고개를 들고 싶으며, 저의 뼈가 으스러지는 한이 있어도 지구인들의 진화를 바라며, 또한 선인님들의 뜻도 같습니다.

다만 선계의 뜻은 지구인들 특히 수련생들의 노력여하에 따라 반응하고 사 하시기에 이 시점의 수련 지도는 제가 현재, 하고 있는 방식으로, 진행되고 있습니다.

"자. 이제 가 보아라.
수련의 길은 끝이 없는 것이니
중도에 멈춤이 없이 갈 수 있도록 해라.
하늘에 모든 것을 맡기고
나의 모든 것을 진화시켜 달라고 하라.
무심치 않을 것이다."

진화가 가능함을 암시해주는 나웅 선인님의 천음을 들을 수 있도록 선계 수련을 진정 하고자 하는 수련생들은 비 오면 비를 통하여 눈 오면 눈을 통하여 하늘의 뜻을 알려고 노력하시면서 수련에 정진하여 주시기 바랍니다. 무심치 않을 것입니다.

편집자의 글

맑고 밝고 따뜻한 우주시대를 여는 책

천서는 하늘의 기운인 천기(天氣)상태로 존재하는 우주의 모든 것에 대한 자료를 명상을 통해 해독한 것입니다. 천기란 천지창조의 모든 것을 담고 있으므로 천기를 통해 우주의 근본 원리와 우주와 하늘과 인간의 모든 것을 알 수 있습니다.

천서는 받는 사람의 의사와는 관계없이 전달하고자 하는 쪽의 의사에 따라 일방적으로 주어지는 채널링과는 다릅니다. 채널링은 흔히 말하는 접신이나 빙의와 같은 상태로서 메시지의 수준 또한 전달하는 쪽의 수준에 따라 천차만별이며 받는 사람이 내용을 알지 못하는 경우가 많습니다.

천서는 수동적으로 받는 것이 아니라 알고자 하는 정보를 명상을 통해 주도적으로 알아내는 것입니다. 명상 시의 파장이 알파 0.0001 이하에 닿아 있어야 하며, 받는 사람의 수준이 천서의 근원인 우주 본체(하늘1=선계)에 도달해 있어야 받을 수 있습니다.

알파파장은 1부터 10까지가 있으며 1이 수련 정도가 가장 높은 수준의 파장입니다. 알파 1은 다시 1에서 1000까지로 나눌 수 있으며 이 중 적어도 천분의 1에서 10까지는 되어야 천서를 받을 수 있습니다. 이런 상태는 미풍도 불지 않는 고도의 적막 상태로 이 책의 제목에 나오는 0.0001이라는 숫자는 이러한 알파파장을 상징합니다.

수련생들의 공부가 진행되는 수준에 맞추어 주셨던 천서들 중 2002년~2006년도 사이의 것들을 엮어 천서 3,4권으로 출간하였습니다. 천서 1,2권에 이어서 수련생들이 나아가야 할 방향, 호흡수련, 선계수련의 볼텍스, 개인 명부 등 지구 역사상 어디에서도 접할 수 없는 정보가 담겨있습니다. 이 책을 통하여 많은 분들이 본래의 자신을 찾기 위한 수련의 길에 들게 되시기를 바랍니다.

명상학교 수선재

맑고 밝아져서 따뜻한 마음의 향을 느끼게 하는 사람… 하늘 사랑, 자연 사랑, 사람 사랑을 실천하는 사람… 1998년 창립된 명상학교 수선재(樹仙齋)가 추구하는 인간다운 인간의 모습입니다. 명상학교 수선재는 요가, 기체조, 그림명상, 단전호흡 등 대중적인 명상 코스를 포함하여 깨달음을 위한 심공(心功) 코스인 선계수련에 이르기까지 적합한 수련법과 체계적인 프로그램으로 운영되고 있습니다.

* 국내 주요 도시와 해외 각국(미국, 중국, 호주, 남아공 등)에 지부가 개설되어 있습니다. 문의하실 분은 1544-1150(국내만 가능)으로 전화하시면 상세한 안내를 받을 수 있습니다.

www.suseonjae.org

선계수련 과정

넓게 보면 선계 수련의 모든 과정이 심공수련이므로 각 과정은 모두 심공 수련 안에 포함이 됩니다. 이 중에서 기공 단계는 모든 이에게 공통되는 과정이며 나머지 과정은 각자의 수련 스케줄에 따라 순서가 변경 될 수 있습니다.

1. 기공(氣功) 과정

기감 개발 : 우리가 말로만 듣고 실제로는 느끼지 못하던 기에 대한 확인 과정이다. 기감 개발이 가장 쉬운 방법은 장심(掌心)을 열어 장심을 통하여 두 손바닥에서서로 끌어당기고 밀어내는 인력(引力)을 강화하는 방법이다.〈수련법 : 장심개혈법〉

축기 : 기를 수련 등에 사용하기 위해 몸 안의 일부에 모으는 과정이다. 초심자의 경우 주로 단전에 축기하게 되며 수련 초기 단전의 형성은 이 수련의 진도에 절대적인 영향을 미친다. 단전에서 주먹 크기의 기체(氣體)를 형성한 후 점차 강화하면 기운이 생기게 되며 이 기운으로 인체 내부의 기혈을 연다. 단전호흡의 방법이 사용되며 단전이 축구공만큼 커지면 경락이 열리는 기반이 조성된다. 오랜 기간 수련을 했는데도 진전이 없다면 이 단계를 소홀히 했기 때문이다.〈수련법 : 하단 축기법〉

수기(受氣) : 내 안의 기운을 모으는 것만이 아닌 외부의 기운을 받는 수련이다. 외부의 기운 중에는 우주기, 천기(天氣), 지기(地氣), 인기(人氣)가 있는데 이 수련은 주로 우주기와 천기의 수기 수련이다. 우주기와 천기를 지구의 주파수에 맞게 바꾸어 주는 천선줄은 수련 지도자가 하늘의 도움으로 설치한다.

소주천 : 기운으로 임·독맥 등 인체 내의 기운이 흐르는 모든 길을 여는 과정이다. 인체 내에 기운이 모이면 흐르게 되며, 이 흐르는 기운을 정상적인 통로로 유통하여 주요 혈을 여는 기법이다. 평소 사용하지 않던 기맥을 연결하여 다

음의 대주천에 대비한다.〈수련법 : 중단 개혈법, 독맥 개혈법〉
대주천 : 소주천 과정이 끝난 수련생이 외기(外氣)와의 유통 경로를 여는 것이다. 천지 기운을 모두 받아들일 수 있는 경락이 열리게 되며 이 과정을 거치면 진정 하늘 공부를 할 수 있는 사람이 된다. 수련을 열심히 할 경우 기공 과정을 일년 안에 마치게 된다.〈수련법 : 대주천 수련법〉

2. 신공(身功) 과정

기변법(몸 안의 기운을 바꾼다)
천지유통 : 하늘은 땅이 있으므로 있고, 땅은 하늘이 있으므로 있는 것이다. 하늘과 땅은 둘이 아니고 하나요, 하나이면서도 둘인 것이다. 하나이면서도 둘이고 둘이면서도 하나인 원리를 터득하기 위한 수련이다.
지수화풍 : 모든 기운은 하나이다. 그 하나 속에서 자신의 기운을 점차 하늘의 기운으로 바꾸어 간다. 이 단계를 익히면 마음이 평온해진다.
건곤일척 : 하늘을 우러러 자신의 모든 허물을 벗어버리는 수련이다. 이 과정을 겪음으로써 모든 것을 대함에 떳떳해진다. 자신이 겪고 있는 업에 대한 인식이 바뀌고 업이 정당한 것이며 이 업을 금생에 벗어나기 위해 어떻게 해야 하는가를 생각하며 하는 수련이다.

신변법(몸을 바꾼다)
화룡첨정 : 기적인 세계를 보는 안목을 키우는 수련이다. 이 수련을 거치면 기적인 세계를 보고 이것을 인간 세계에 이용하는 법을 배운다. 기안(氣眼)을 열고 이 눈으로 기계(氣界)를 보며 기계의 선진기술을 인간 세계에 이용하도록 하는 것이다. 하늘을 알고, 하늘의 법도를 배우며, 하늘의 뜻을 실천하는 사람이

되기 위해 필요한 과정이다.
육기조화 : 인간의 몸을 가장 조화로운 상태로 만드는 수련이다. 육기란 오장육부의 모든 기운을 말하며 이 모든 기운들이 조화됨으로써 가장 강력하고 균형잡힌 인간이 형성되는 것이다.

기운법(몸 안의 기운 뿐 아니라 주변의 기운도 바꾼다)
관운기화 : 자신의 주변을 둘러싸고 있는 기운을 바꾸어 좀 더 편히 수련에 임할 수 있는 분위기를 만들어주는 수련이다. 이 수련을 함으로써 자신이 당하고 있는 문제를 객관적으로 보고 내가 겪어야 할 이유에 대해 알게 된다. 이유를 알았다는 것은 자신의 일을 알게 되는 것으로써 체념이나 포기와는 다른 벽을 넘게 된다. 마음이 불편할 때 하면 좋다.
상비조화 : 사람의 모든 기운은 우주의 모든 기운과 조화되어 일체를 이루도록 되어 있다. 상비란 사람이 수련을 하여 인체의 기운이 하늘 기운이 되는 것을 말하며, 하늘 기운이 된 상태에서 조화를 이루는 것을 말한다. 몸이 맑아지며 판단을 하는 데 실수가 적게 된다.
구룡비상 : 이상의 수련을 정상적으로 한 사람이 천상 세계를 직접 관찰하며 수련의 의미를 다지는 수련이다. 현재의식에서 탈피하여 무의식으로 들어가며, 무의식에서 천상의 파장과 일체를 이루어 방송국에서 보내는 주파수를 텔레비전으로 보듯 천상 세계의 일이 손에 잡힐 듯 보인다. 이 단계에서는 호흡수련의 강화가 더욱 필요하다.
강화신천 : 현재까지의 수련을 강화하는 단계이다. 사람의 기운은 마음이 바탕이며 몸이 표현 수단이므로 몸을 가꾸는 것은 마음과 일체가 되어야 가능한 것이며, 몸과 마음이 일체가 되고 나서 진정한 기운의 변화가 일어나는 것이다. 이 수련은 몸과 마음을 변화시켜 수련자 자신은 물론 주변까지도 평안하도록 하는 것을 목표로 한다. 이 단계를 거치면 내기(內氣)가 강화되고 자신의 주변

기운도 강화되므로 어떤 사기(邪氣)도 범접하지 못하게 된다.
상식오비 : 현재까지의 신법을 총 정리하는 수련이다. 이 수련은 바뀐 몸과 몸 주변의 기운을 다지는 것이다.
이상과 같은 신법(身法) 수련으로 수련의 중급 과정은 끝나게 되며 다음은 고급 과정인 신법(神法)이나 심법(心法)으로 들어가게 된다. 신법은 영(靈)으로, 심법은 마음으로 가는 수련이므로 기에 관한 기반이 조성되어 있지 않으면 진전이 불가능하고 효과가 나타나지 않으므로 안 한 것만 못한 결과가 된다.

3. 신공(神功) 과정
신공(身功) 과정을 통해 영적인 눈이 열리고 몸과 마음이 준비된 상태의 사람에게만 시키는 수련으로서 이 단계를 거치면 신과 우주인, 그리고 타 영들과의 대화가 가능하다. 수련생들이 옆길로 빠지게 되는 확률이 높은 수련이므로 필수 과정은 아니나 보이지 않는 세계에 대한 확신을 가질 수 있게 된다.

4. 심공(心功) 과정
이상의 과정을 통하여 몸과 기운이 정화된 사람이 깨달음을 얻기 위하여 본격적으로 마음공부에 들어가는 수련이다. 경우에 따라 금촉수련이 요구되기도 하나 각자의 스케줄에 의해 다른 경우도 있다. 자신이 누구인지와, 자신의 역할과 사명에 대해 알게 된다. 이 과정에서 본성(本性)을 만나게 된다. 기운뿐 아니라 모든 해결 방법을 자신 속에서 찾는 수련이므로 기초 작업을 완전히 다진 후 들어가지 않으면 수십 년이 걸리거나 실패하는 수도 있다. 1단계의 심공은 인간세계에서의 마음 자세를 배우고, 2단계의 심공은 천상계에서의 마음 자세를 배운다. 이 과정을 끝내면 천인(天人)이 된다.

깨달음의 단계

초각(初覺)
자신에 대한 기초적인 정보를 아는 것. 이것은 호흡과 의식으로 가능하다. 이 단계에서 수련생들은 모든 것을 안 것과 같은 착각을 하게 되며 전부 깨달은 듯한 착각에 빠지는 것이다. 시험은 이 단계에서 가장 많이 오며 99%의 수련생들이 이 초각에서 중각으로 넘어가지 못하므로 결국 초각에서 수련을 멈추게 된다. 항해에 비하면 막 출항한 단계이다. 수련의 재미를 알고 기의 용법을 알아 수련이 재미있게 되며 급진전이 있는 것도 이 단계이다.
(지기(知氣) 단계 - 습기(習氣) 단계 - 용기(用氣) 단계)

중각(中覺)
자신과 우주에 대하여 아는 것. 서로 비교하면서 자신의 보잘것없음을 알게 되며, 이 단계에서 자신의 명(사명)을 알게 된다. 이 단계에 오면 다른 사람의 앞에 나섬을 두려워하게 되며 우주에 대한 경이로움으로 스스로 겸손하게 된다. 이 단계에 들기 직전 엄청난 두려움과 시련이 닥쳐오며 기존의 항로에서 벗어나 새로운 길로 가게 된다. 기존의 사고방식과 수련 방법에 있어 일대 전환이 필요하며 중각의 단계를 벗어나기까지 무한한 인내를 요한다. 본격적으로 이 중각의 경지에 들면 마음의 평정을 찾아 어떤 동요가 와도 흔들림이 없으며, 마냥 편한 가운데 정진하게 된다.
(지심(知心) 단계 - 습심(習心) 단계 - 탈심(脫心) 단계(불교의 해탈, 대각))

종각(終覺)
자신과 우주를 알고 다시 자신에게서 우주를 발견하게 되는 단계. 수련의 완성기이며, 이 단계에서는 자신의 모든 판단이 우주의 판단과 일치하여 어떠한 생각을 해도 실수가 없다. 종각을 향해 나아가는 것이 선계수련의 길이다. 이 단계에서 선계 1등급 진입이 허락되며 우주와의 합일 정도에 따라 1~10등급까지 구분된다.

도서출판 수선재의 책

다큐멘터리 **한국의 선인들**(전6권) | 각 7,500원
황진이, 서경덕, 남사고, 이지함, 이율곡, 신사임당 등 역사에 자취를 남기신 많은 분들은 선계에서 공부 차 오신 선인이었다. 그분들이 전해주는 깨달음의 이야기와 〈선계에 가고 싶다〉 이후 저자의 심도 있는 수련 이야기가 담겨있다.

천서 0.0001 1,2 (전 2권) | 각 12,500원
인간이 닿을 수 있는 가장 미세한 파장 0.0001의 알파파장으로 최초로 드러나는 우주의 가장 근원적인 정보들. 우주와 인간의 창조목적, 지구의 미래, 동이족의 기원, 우주인과의 대화 등 시공을 넘나드는 장대한 대서사시이다. 1999년~2001년까지 http://www.suseonjae.org에 간간히 소개되었던 천서와 나머지 미공개 된 천서를 주요 내용으로 하고 있다.

소설 선(仙)(전 3권) | 각 8,500원
조선 중기의 대선인, 토정 이지함의 3대에 걸친 구도기로, 실제 대화를 통해 구성한 소설 아닌 소설. 메릴린스 별의 선인 미르메트는 어느 날 진화의 필요성을 느끼고 재수련을 결심하여 지구에서의 한 생을 보내게 되는데...

무심 | 9,000원

순간순간이 왜 스트레스인가? '무심' 하나만 터득하면 행복 할 수 있다고 전한다. 무심은 아무 생각이 없는 것이 아니라 어떤 일 한 가지에 열중하여 한 번에 한 가지만 하는 것! 잊어지지도 포기해버릴 수도 없는 일은 바로 '무심'으로 해결하는 것이며, '무심'의 비법을 실현 가능한 이야기를 통해 전해 준다.

여유 | 8,000원

여유가 있는 한 기회는 있다! 급하기만 한 세상살이에서 여유를 찾는 방법을 소개한다. 하루에 한 가지씩의 365개 메시지를 통해 마음을 다스리는 법을 구체적으로 제시하는 책. 부담 없이 언제 어느 장을 펼쳐도 1분이면 현실의 조급함에서 자신을 돌아볼 수 있는 여유를 찾을 수 있게 된다. 짧은 글 속에 편안함으로 유도하는 비법이 있다.

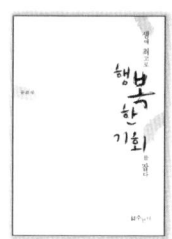

생애 최고로 행복한 기회를 잡다 | 9,000원

5년 동안 스승과 제자가 명상을 하는 자리에서 나누었던 삶에 관한 대화록이다. 본질적으로 책에서 말하고자 하는 것은 어떻게 살아야 할지에 관한 것이다. 항상 닥치기 마련인 시련이나 불행은 '명상'으로 생각보다 쉽게 극복할 수 있다는 저자의 진실한 경험담이 빛난다. 구태의연한 삶을 깊이 도려내는 교훈들이 독자들의 눈을 번쩍 뜨게 하면서 새로운 기회로 안내한다